P. Miguel A. Fuentes, IVE

Educación del Celibato

y la Virginidad

P. Miguel A. Fuentes, IVE

Educación del Celibato y la Virginidad

Nihil Obstat et Imprimatur:
R.P. Gustavo Nieto, IVE, Superior General
Roma, 09.06.2017 (Decreto 55/2017)

Fuentes, Miguel Ángel
Educación del celibato y de la virginidad / Miguel Ángel Fuentes. - 1a ed.
- San Rafael: Del Verbo Encarnado, 2017.
208 p.; 5,25 x 8 pulgadas

ISBN 978-987-9438-67-1

1. Educación Religiosa. 2. Actividad Religiosa. I. Título.
CDD 250

Tapa: Flor Edelweiss. Significa Nobleza Blanca. También llamada Flor de las Nieves, es el símbolo de la protección de la naturaleza, de la inmortalidad y de la pureza. Su otro nombre es Estrella de Plata. Se la considera un símbolo de valor y coraje. Su belleza y fortaleza han alimentado una leyenda viva que esconde ciertos misterios. La leyenda más extendida cuenta que los hombres que pretendían probar su amor tenían que subir más de 2.000 metros para conseguir una y entregarla a su amada. Como el amor, la flor del Edelweiss espera en algún lugar recóndito y prácticamente inaccesible a que alguien la descubra para llevársela a casa.

El Chañaral 2699 – CC 376
(5600) San Rafael – Mendoza - Argentina

Tel. +54 (0)0260 – 4430451

info@edicionesive.com
www.edicionesive.com
www.iveargentina.org

INDICE

Introducción 7
PRIMERA PARTE 17
ELEMENTOS GENERALES 17
   I. Cuestiones históricas 19
   II. La visión revelada del celibato 29
   III. Celibato y la relación plena con Dios 37
   IV. Celibato y esponsalicio con la Iglesia 47
   V. El celibato y la eucaristía 55
   VI. El celibato como carisma 59
SEGUNDA PARTE 67
DIMENSIÓN PEDAGÓGICA DEL CELIBATO 67
   I. Celibato y madurez afectiva 69
      1. Aproximaciones semánticas 69
      2. Aproximación descriptiva 70
      3. Esencia de la madurez 76
   II. El celibato y el equilibrio psicológico 81
   III. Criterios para la madurez afectiva y sexual 87
      1. La madurez afectiva 88
      2. La madurez sexual 93
   IV. El celibato exige amistad sacerdotal 109
   V. Elementos fundamentales para la educación célibe 115
      1. La gracia supone la naturaleza 115
      2. Trabajo positivo en la virtud 120
         a) La castidad 120
         b) El pudor 122
         c) Otras virtudes 124
      3. La ascesis 125
      4. Cultivo del gusto por la belleza 129
      5. El desarrollo de la paternidad/maternidad espiritual 130
TERCERA PARTE 137
DIFICULTADES Y SOLUCIONES EN EL CELIBATO 137
   I. Algunas dificultades para vivir la vocación célibe 139
   II. Algunos mecanismos defensivos de quienes comienzan a vivir mal su celibato 145
   III. Respuestas erradas y soluciones apropiadas a las tentaciones contra el celibato 149

IV. El origen último de las crisis [celibatarias y otras] y su solución 157
V. Ayuda de la psicología a la Vida consagrada............................167
   1. Uso ordinario y excepcional del recurso a la psicología 171
   2. Problema y obstáculos que presentan algunos candidatos 174
   3. Los psicólogos..177
   4. El delicado tema de la libertad y la fama 179
   5. La intervención en la fase inicial 181
   6. Intervención en la formación sucesiva 182
   7. El pedido de los exámenes 184
   8. La tarea del psicólogo...185
CONCLUSIONES..187
   I. La tarea de los formadores 189
   II. Necesidad de tener como modelo de celibato la vida afectiva de Jesucristo 199
   Bibliografía citada con mayor frecuencia...203

Introducción

Todos los que de verdad han hablado de ideales, han elogiado siempre el celibato (Kierkegaard)[1]

Prima virgo, sancta Trinitas (Gregorio de Nacianzo, Carmina 11,2).

Presento en estas páginas algunos principios fundamentales relativos a la formación afectiva de quienes aspiran a consagrarse en el celibato (no exclusiva, pero sí especialmente, los candidatos al sacerdocio célibe[2]). Aunque me dirijo ante todo a los formadores, estas notas pueden resultar igualmente útiles a quienes están en vías de formación. Y lo que digo de los candidatos al sacerdocio, tanto del clero secular como religioso, puede aplicarse, hechas las debidas adaptaciones, a religiosas, religiosos y laicos que quieran vivir un celibato *libremente elegido*. En cambio, no tomo en consideración, salvo accidentalmente, el caso de quienes permanecen célibes obligatoriamente, sea por motivos de enfermedad, o por no haber podido concretar sus deseos de formar una familia.

El núcleo de cuanto quiero expresar en estas páginas puede resumirse en dos afirmaciones. La primera: la formación para el celibato debe ser objeto de una educación *explícita*. La segunda: formar en el celibato es educar la capacidad de abrazarlo libremente.

---

[1] Citado por Fabro, Cornelio, *La aventura de la teología progresista*, 280.

[2] En esta obra trato exclusivamente del sacerdocio en el rito latino; no tomo en consideración, salvo explícita referencia, el sacerdocio católico en las Iglesias de los diversos ritos orientales, que se rige por su Derecho y Tradiciones propias. Por eso, cuando se dice "la Iglesia impone" o "la Iglesia manda o prescribe...", debe entenderse la Iglesia católica de rito latino.

Ante todo, en la formación hay que tener explícitamente en cuenta la preparación de la afectividad célibe. Es un error considerar este aspecto como innecesario, o dejarlo librado a la iniciativa del formando: "el celibato, como don de Dios, no puede observarse si el aspirante no está convenientemente preparado. La formación al sagrado celibato representa un deber ineludible para los educadores (...) de la comunidad del seminario"[3].

Es igualmente erróneo reducirla a una enseñanza general impartida por medio de conferencias. Ciertamente hay que brindar, en charlas periódicas, los principios fundamentales de la educación (la afectividad, la naturaleza del celibato y de la castidad, la correcta comprensión del celibato en la vida presbiteral y consagrada, etc.)[4]. Pero hay que aceptar que esto

---

[3] Congregación para la Educación Católica, *Orientaciones...*, n. 2. Cf. Sínodo del 30/XI/1971, *De sacerdotio ministerial*, 4.

[4] Como Director Espiritual del Seminario *María, Madre del Verbo Encarnado*, he elaborado un programa de formación dividido en cuatro ciclos:

Ciclo I – Formación afectivo-volitiva: 1. *Gratia supponit naturam*. Necesidad de la formación humana; 2. Madurez de la propia imagen; 3. Madurez en la relación con los demás; 4. La castidad en positivo; 5. Dificultades en la castidad (actos internos, masturbación, fornicación); 6. La homosexualidad y la ideología de género; 7. El peligro de la pornografía y la adicción sexual; 8. Madurez volitiva (sentido del deber, responsabilidad social, amor al bien común. Educación y reeducación de la voluntad); 9. Madurez religiosa: imagen de Dios Padre en nuestra vida; 10. Madurez religiosa: paternidad sacerdotal (y desviaciones afectivas del sentido paternal); 11. Madurez moral: el conocimiento y el amor de la ley de Dios; 12. Madurez moral: la educación de la propia conciencia.

Ciclo II – Formación de la inteligencia: 1. Madurez intelectual; 2. Nuestra vida psíquica: receptividad y emisividad, descanso; 3. Fatiga mental; 4. Emociones y control; 5. La atención concentrada, disipada, obsesionada y creadora; 6. La educación del sentido estético (cultivo de la belleza); 7. El juego, la diversión y la virtud de la eutrapelia; 8. La educación del bien hablar (el amor por la palabra como preparación para el amor por la Palabra); 9. Las dificultades en la fe y las tentaciones de la fe; 10. El juicio propio; 11. La prudencia sacerdotal y la educación de la prudencia; 12. La superficialidad.

Ciclo III – Formación de las virtudes sociales: 1. La educación y el amor por la justicia (bien común, justicia social); 2. La educación de la misericordia y del perdón (el problema del resentimiento); 3. La amistad en general y la amistad en

no basta por sí solo. Cencini subraya el yerro de quienes piensan que "es suficiente transmitir algunos ideales sobre la madurez afectiva y sobre la intimidad con Cristo (mediante lecciones, ejercicios, charlas, etc.) para que el joven se vuelva maduro y haga su opción por el celibato", y anota: "Se maravillan o molestan cuando el joven sacerdote, ex seminarista o clérigo «sereno y sin problemas» en el tiempo de formación, o la joven religiosa, que en su formación inicial no había manifestado nunca el problema afectivo, entran en crisis al primer fuerte impacto sentimental"[5].

Porque la formación en la castidad no puede ser puramente "instructiva" y "generalizada" sino que exige un trabajo individual y personalizado, especialmente a través del diálogo con los formadores (en particular en la dirección espiritual). Debe consistir en una formación a la vez intelectual, volitiva y afectiva. E incluye afrontar explícita, aunque delicada y prudentemente, el tema de la castidad: "esta formación requiere siempre la apertura de la intimidad, en particular de la inmadurez afectiva, superando el lógico pudor en darla a conocer. En consecuencia, no bastan solo explicaciones generales en

---

el religioso (centralidad de la vida comunitaria); 4. El religioso y su familia (preocupaciones, renuncias); 5. La virtud del celo apostólico y las virtudes necesarias en el apostolado; 6. La prudencia sobrenatural en la afectividad en el apostolado del religioso (niños, jóvenes, apegos a familias, personas del sexo opuesto); 7. El trabajo y la virtud de la laboriosidad en el religioso. El pecado de ociosidad; 8. El tiempo: valor y uso; sentido sobrenatural; 9. El problema de la autocompasión y la queja; 10. Humildad y salud mental; 11. La envidia como mal social; 12. El respeto por la fama ajena (calumnia, difamación, chisme).

Ciclo IV – Formación de algunas dimensiones necesarias al religioso: 1. La formación permanente del religioso; 2. El peligro de la secularización del religioso; 3. El uso de los medios modernos (Internet, teléfono, Skype, televisión, movilidad, etc.); 4. La obediencia del religioso y las formas de desobediencia religiosa; 5. El ejercicio virtuoso de la propia autoridad; 6. La educación del sentido del dolor, tolerancia al fracaso; 7. La sanación de las heridas del alma; 8. Las tentaciones contra la vocación; 9. La vida de la comunidad: espíritu de familia; 10. El diálogo con el Superior; 11. La dirección espiritual y la confesión del religioso; 12. Mantener la paz en la comunidad.

[5] Cencini, *Por amor, con amor, en el amor*, 112-113.

grupo, sino que debe transmitirse especialmente en forma individualizada, «a medida de cada personalidad» sin sobrentender que por ser candidato al presbiterado ya se conoce o se ha examinado suficientemente. Por medio de conversaciones y preguntas certeras conviene llevar al candidato a enfrentarse consigo mismo, descubriendo, en el examen de sus experiencias más personales, sus posibles dificultades afectivas, a veces complejas, conocerse, darse a conocer y dominar de modo inteligente y coherente la energía y las facultades de la persona"[6]. "En sede [de dirección espiritual] hay que animar a los seminaristas para que hablen en detalle sobre sus propias luchas personales y pasen revista a sus éxitos y fracasos en vivir la vida célibe"[7]. Insistimos, sin embargo, en el hecho de que esto debe ser encarado con *prudencia suma*, porque el forjar la afectividad y la castidad no ha de equivaler, de ningún modo, a *focalizar* la formación en este plano. Si dejar librada la formación de la afectividad a la iniciativa del formando es peligroso, no menos lo es sobredimensionar estos temas produciendo una especie de obsesión por ellos.

Para esta tarea es ideal que los formadores, incluyendo al director espiritual, convivan, en la medida de lo posible, con los formandos. No es la mejor opción el tener directores espirituales que no vivan en el mismo seminario[8].

El segundo aspecto al que aludíamos se puede expresar de este modo: educar en el celibato consiste en formar la capacidad de *elegir el celibato*.

En efecto, para que el celibato pueda ser vivido plena y serenamente debe ser *elegido* por sí mismo y no tolerado o

---

[6] Monge, M.A., *La formación de las vocaciones al celibato*, 46-47.

[7] United States Conference of Catholic Bishops, *Program of Priesty Formation*, Washington DC 2001, n. 291; citada en Monge, M.A., *La formación de las vocaciones al celibato*, 47.

[8] Cf. Cencini, *Por amor, con amor, en el amor*, 119.

simplemente aceptado como condición para acceder al sacerdocio: "Se permanecería en una continua inmadurez si el celibato fuese vivido como «un tributo, que se paga al Señor» para acceder a las sagradas Órdenes, y no más bien como un don, que se recibe de su misericordia, como elección de libertad y grata acogida de una particular vocación de amor por Dios y por los hombres"[9].

Para vivirlo como una expresión de amor a Jesucristo, debe ser abrazado y querido por sí mismo: "El celibato, elegido «por el reino de los cielos», como es precisamente el sacerdotal, es *un estado de amor*; solamente es posible para quien lo ha integrado en su vida espiritual. Se trata de una *elección exclusiva, perenne y total del único y solo amor de Cristo*, a fin de realizar una participación más íntima de su suerte, en una lógica luminosa y heroica de amor único e ilimitado a Cristo Señor y a su Iglesia"[10]. Es indudable que el celibato es una *ley de la Iglesia*, pero es falso que sea *solamente* una ley (es decir, una imposición externa); no porque la Iglesia lo *exija*, queda uno eximido de *quererlo* y *elegirlo* por sí mismo. Por eso se ha dicho: "Más que como ley eclesiástica, el celibato debe considerarse una «cualificación» a la que se le confiere el valor de un ofrecimiento público ante la Iglesia. El celibato es, por consiguiente, un ofrecimiento, una oblación, un verdadero y propio sacrificio de carácter público, además de personal; no es una simple renuncia a un sacramento, el del matrimonio, por el reino de los cielos. El aspirante debe entender esta forma de vida no como impuesta desde fuera, sino más bien como manifestación de su libre donación, aceptada y ratificada en nombre de la Iglesia por el Obispo"[11]. El experimentar el celibato principal o exclusivamente bajo razón de ley [o sea, su *obligatoriedad*] es un signo de inmadurez:

---

[9] Congregación para el Clero, *Directorio para el ministerio y la vida de los presbíteros*, n. 59.
[10] Congregación para la Educación Católica, *Orientaciones...*, n. 31.
[11] Congregación para la Educación Católica, *Orientaciones...*, n. 9.

"La persona célibe, madura afectiva y espiritualmente, no se siente bajo la constricción de la ley canónica exterior, ni considera las necesarias precauciones como prescripciones impuestas desde afuera"[12]. El hombre libre, explica Santo Tomás, es el que quiere lo que manda la ley, pero no *porque lo manda la ley*, sino porque ha descubierto su valor intrínseco[13]. Para llegar a este punto de madurez, es necesario que uno mismo *interiorice* el valor y la belleza de aquello que prescribe la ley, de modo tal que, incluso si hubiese comenzado por ver las cosas como una imposición, termine por amarlas y sentirse atraído por ellas. Esto siempre es posible, al menos como fruto de la gracia divina que produce, precisamente, esa "atractio cordis" (atracción del corazón) hacia el bien.

El celibato, por tanto, debe ser visto como un don que se recibe de Dios y no como un pago al que uno se obliga para recibir otra cosa como, por ejemplo, el sacerdocio: "La castidad del celibato no es tanto un tributo que se paga al Señor, sino más bien un don que se recibe de su misericordia. La persona que abraza este estado de vida, debe ser consciente de que no se impone solo un peso, sino sobre todo de que recibe una gracia liberadora"[14].

De ahí que pueda decirse que la Iglesia más que *imponer el celibato a quien elige para el presbiterado*, elige presbíteros de *entre quienes tienen vocación al celibato*: "La Iglesia, desde

---

[12] Congregación para la Educación Católica, *Orientaciones...*, n. 16.

[13] Cf. Santo Tomás, *Ad II Cor.*, III, III, n. 112: "Libre es quien es causa de su propio actuar; siervo quien tiene por causa de su actuar a su señor. Por tanto, quien obra por propia decisión, obra libremente; quien lo hace movido por otro, no obra libremente. Así, aquel que evita lo malo, no porque es malo, sino porque Dios lo manda, no es libre; pero quien evita lo malo porque es malo, ese es libre. Esto lo hace el Espíritu Santo que perfecciona interiormente al alma por el hábito bueno, de modo tal que se abstiene del mal por amor, como si lo preceptuara la ley divina; y por tanto se dice libre, no porque no se someta a la ley divina, sino porque se inclina por los buenos hábitos a hacer lo que la ley divina manda".

[14] Congregación para la Educación Católica, *Orientaciones...*, n. 16.

los tiempos apostólicos, ha querido conservar el don de la continencia perpetua de los clérigos, y ha tendido a escoger a los candidatos al Orden sagrado entre los célibes"[15]. "La norma canónica, dice un jurista, *no impone a nadie el celibato, sino que reduce el sacerdocio a los que son llamados al celibato (...)*"[16] "La Iglesia (...) tiene el derecho de elegir los candidatos al sacerdocio entre los celibatarios, es decir, entre aquellos que como exigencia espiritual de su vida han decidido ser célibes por amor de Cristo"[17]. Esto quiere decir que el don del celibato, si bien va íntimamente unido al presbiterado, *se distingue de él* y debe ser *elegido por sí mismo*, y no solamente como un requisito para poder ser sacerdote. Durante el Sínodo de 1990 un obispo ha dicho: "nadie debe comprometerse con el celibato solo porque es una condición para la ordenación, por consiguiente quien no se siente interior y libremente llamado al celibato no debe ser llamado (por el obispo) al sacerdocio"[18].

Dejemos bien en claro un punto muy importante: en la pedagogía divina el descubrimiento de la vocación al celibato no siempre es lo primero que se manifiesta a la conciencia de quien Dios llama. Los caminos de Dios son polifacéticos y hay personas que son atraídas por la figura de Jesucristo, o por el apostolado, por el ardor misionero, por la posibilidad de ayudar a sus hermanos, por la predicación o por la vida comunitaria, etc. Pero siempre que el llamado de Dios es auténtico, implica la vocación a darle a Dios *todo el corazón* y a amarlo *con amor exclusivo*; un amor que es de *uno con el Uno*, en una relación personalísima, plena y total, que exige, en consecuencia, una guarda del corazón, de los afectos y de la sexualidad,

---

[15] Congregación para el Clero, *Directorio para el ministerio y la vida de los presbíteros*, n. 59.
[16] Versaldi, G., *Celibato sacerdotal: aspectos canónicos y psicológicos*; citado por Cencini, *Por amor, con amor, en el amor*, 172.
[17] Cencini, *Por amor, con amor, en el amor*, 172.
[18] Mons. Flynn; citado por Cencini, *Por amor, con amor, en el amor*, 107.

plena y total para entregarla a Aquel que llama. Cuando hablamos de *elegir el celibato de modo explícito*, lo que queremos decir es que hay que ayudar a descubrir este aspecto de la vocación divina y a asumirlo consciente, libremente y con alegría.

Si el celibato no es elegido por sí mismo, entonces, o bien se lo quiere *per accidens*, es decir, por su íntima unión con el sacerdocio, o bien se lo tolera. En el proceso de descubrimiento de la propia vocación quizá esto valga para las primeras etapas, donde todavía prima la inmadurez propia de quien comienza a descubrir la vida o el llamado a la consagración. Pero si no se supera, descubriendo el valor positivo de la castidad consagrada, aquella actitud genera, a la corta o a la larga, tensiones, tendiendo a ver la vida célibe como una carga (lo dicho no obsta, sin embargo, para que quien ha abrazado el sacerdocio o los votos religiosos en estas condiciones, quede igualmente obligado a cumplir su compromiso célibe, como diremos más adelante). Lo que sí es cierto, es que si el celibato es asumido solo como una simple condición de acceso al sacerdocio[19], y esto no se supera con la aceptación madura de la virginidad, terminará por ser tan inauténtico como un matrimonio realizado por pura conveniencia. En tal caso quizá pueda llevarse con fidelidad, pero ciertamente *no con gozo*[20].

---

[19] Hace algunas décadas el episcopado francés, constataba la vigencia de este defecto: "[el celibato] todavía se considera como una simple condición de acceso al sacerdocio" (Episcopado francés, *Dossier sobre el celibato sacerdotal*, L'Osservatore Romano, 26 de junio de 1979, 6, citado por Cencini, *Por amor, con amor, en el amor*, 107).

[20] Con frecuencia se supone, equivocadamente, que todo aspirante al sacerdocio es consciente de estos temas. Pero el esplendor de la vocación sacerdotal, de la posibilidad de celebrar misa y confesar, o ejercer el ministerio pastoral, deja en penumbras, en no pocos casos, esta delicada cuestión. De ningún modo queremos decir que quienes se hayan planteado explícitamente la vocación sacerdotal sin reflexionar seriamente sobre el celibato no estén llamados al mismo. Por el contrario, en general se tiene una intuición de esta dimensión, como implicada en el don del sacerdocio, y esto, para muchos, es suficiente para abrazar sinceramente la castidad. Pero para otros puede resultar un modo insuficiente de encarar una

Por eso es fundamental que el formando sea puesto de frente a la realidad del celibato y, después de haberlo visto como algo "conveniente para él", realice un acto de libre elección, pues, como dice Santo Tomás: "si se nos propone algún bien que fuese aprehendido bajo razón de bien, pero no bajo razón de conveniente, no movería la voluntad"[21]. No basta que se vea el celibato *como algo bueno en sí*, sino que debe ser considerado *bueno (apetecible) para quien lo abraza*.

Para que el celibato se elija convenientemente, la libertad debe forjarse en dos vertientes. La primera es la de la *libertad "de"* todo condicionamiento que coarte el acto libre (libertad como carencia de cadenas). Lo cual se logra mediante el dominio de sí mismo y el vencimiento de las tendencias desordenadas. Fundamentalmente se adquiere con la *continencia*, que no es propiamente una virtud sino un hábito muy laudable y auxiliar de la virtud[22].

La segunda es la de la *libertad "para"* asumir un compromiso (libertad como capacidad y poder); es libertad "para" darse, lo que exige energía y enamoramiento de aquello a lo que uno se entrega totalmente. Esta se vincula con la virtud de la castidad propiamente dicha que hace que la afectividad

---

dimensión tan delicada. Más todavía en la hodierna situación cultural que presume la castidad como una utopía o incluso un absurdo; de ahí las crisis o dudas en el celibato y sobre la misma vocación sacerdotal. Por eso, insistimos en que se plantee y trabaje explícitamente.

[21] Santo Tomás, *De malo*, 6, a.u.

[22] "Para otros, la continencia hace que el hombre resista a los malos deseos que se dan en él con fuerza. De este modo la toma el Filósofo [Aristóteles] en el libro VII de la *Ética* y en el mismo sentido se usa en las *Colaciones de los Padres*. Así considerada, la continencia posee algunas cualidades de la virtud, en cuanto que reafirma a la razón contra las pasiones para que estas no la venzan, pero no cumple totalmente las condiciones de virtud moral, que somete incluso el apetito sensitivo a la razón para que no se levanten en él pasiones fuertes contrarias a la razón. Por eso dice el Filósofo, en el libro IV de la *Ética*, que *la continencia no es virtud, sino una mezcla*, porque tiene algo de virtud y, en parte, no cumple las condiciones necesarias para la virtud. Pero hablando en un sentido más amplio, tomándola como principio de obras laudables, podemos decir que la continencia es una virtud" (Santo Tomás, *S.Th.*, II-II, 155, 1).

tienda hacia las cosas humanamente honestas. Supone, evidentemente, también la caridad hacia las cosas divinas: "la virginidad se ordena al bien del alma en la vida contemplativa, que consiste en *pensar en las cosas de Dios*"[23].

De ahí que "todo lo que directamente implica la libertad interior del sujeto (y esto ya constituye un problema), o la limita, especialmente desde el punto de vista afectivo-sexual, está llamado a repercutir negativamente en el modo de vivir el propio celibato y en el modo de acoger o no acoger el sentido de una disposición eclesiástica"[24]. Esta *limitación* o *compromiso* de la libertad interior puede provenir de diversas esferas: limitación de la libertad por apegos a bienes terrenos (dinero, cargos, títulos, poder), amistades comprometedoras, dependencias afectivas, rencores, miedos, afición a la propia voluntad, etc. *Todo esto encuentra eco en la vivencia del celibato*, ya sea obrando contra él o empujando a vivirlo como tristes solterones.

---

[23] Santo Tomás, *S.Th.*, II-II, 152, 4.
[24] Cencini, *Por amor, con amor, en el amor*, 170.

PRIMERA PARTE
ELEMENTOS GENERALES

I

Cuestiones históricas

> *En la antigüedad cristiana los padres y los escritores eclesiásticos dan testimonio de la difusión, tanto en Oriente como en Occidente, de la práctica libre del celibato en los sagrados ministros, por su gran conveniencia con su total dedicación al servicio de Dios y de su Iglesia* (Pablo VI, Sacerdotalis coelibatus, 35).

Sobre las vicisitudes históricas del celibato sacerdotal se repiten numerosas imprecisiones, incluso entre los mismos sacerdotes. Algunos achacan su origen a disposiciones particulares de la Iglesia española durante el siglo IV; otros lo suponen introducido recién al inicio del segundo milenio, en el segundo concilio lateranense (1139); hay quienes piensan, incluso, que el Occidente cristiano alteró la práctica primitiva de ordenar hombres casados, que se habría mantenido inalterada entre los cristianos orientales. Son igualmente inexactas las motivaciones a las que muchos atribuyen la introducción de la observancia del celibato.

A decir verdad, la exigencia del celibato a los ministros ordenados (diáconos, sacerdotes y obispos) se remonta a los primerísimos tiempos de la Iglesia. Cochini, uno de los principales expertos en el argumento, cree poder "afirmar con la máxima certeza que la tradición disciplinar del celibato-continencia es de origen apostólico"[25].

---

[25] Cochini, C., *Il sacerdozio e il celibato nei padri e nella Tradizione della Chiesa*, 4.

En el Occidente cristiano, durante el primer milenio, como explicaba Uguccio di Pisa en 1190, esta obligación se observaba "in non contrahendo et in non utendo contracto"[26], es decir, o no contrayendo matrimonio (celibato estricto) o absteniéndose de los actos conyugales (el *uso* matrimonial) de parte de quienes ya estaban casados (celibato como *continencia* matrimonial). Por eso reconoce el insigne historiador del celibato, cardenal Stickler, que si bien es cierto que "desde los comienzos han sido admitidos a todas las órdenes, es decir, al estado clerical, hombres casados", estos "estaban obligados a la continencia perfecta desde el momento en que recibían el orden sagrado"[27].

En el año 306, el Concilio provincial de Elvira (Granada) no introduce la ley del celibato, como imprecisamente se suele indicar, sino que su canon 33, además de mencionar la prohibición a los ministros ordenados ya casados de tener relaciones con sus propias mujeres, excluía la posibilidad de casarse después de la ordenación. Cochini sostiene que estas decisiones no indican una novedad, sino que se dan en razón de quienes vivían relajadamente esta obligación. En la misma línea se señala el importante testimonio de la Decretal del Papa Siricio a Himerio, obispo de Tarragona, en el año 385, donde el pontífice recuerda que "todos los levitas y sacerdotes estamos obligados por la indisoluble ley de estas sanciones, es decir que desde el día de nuestra ordenación, consagramos nuestros corazones y cuerpos a la sobriedad y castidad, para agradar en todo a nuestro Dios en los sacrificios que diariamente le ofrecemos" (*DS* 185). Möhler hace notar que se trata de la respuesta del Papa Siricio a una carta dirigida por Himerio a su antecesor, el papa Dámaso, quien murió sin poder

---

[26] Sigo en esto los estudios de Stickler citados en la bibliografía.
[27] Stickler, A., *Il celibato eclesiastico nel Codex Iuris Canonici rinnovato*, 72.

contestarla[28]. La consulta del obispo tarraconense estaba motivada por el incumplimiento del celibato de parte de algunos presbíteros españoles, y preguntaba al pontífice por las sanciones que correspondían a esta actitud; esto demuestra que estaba aludiendo a una ley ya establecida desde antiguo que los sacerdotes no podían excusar de conocer. Las disculpas de los sacerdotes españoles no carecen de importancia, puesto que algunos tratan de ampararse en las costumbres del sacerdocio del Antiguo Testamento y otros, más llanamente, en su desconocimiento de la ley del celibato, pero, como señala Mölher, ninguno aduce que se esté introduciendo una *novedad* en la Iglesia.

Más valiosa evidencia de esta praxis es el Concilio de Cartago, del año 390, en el que los Padres conciliares recuerdan la exigencia de la perfecta continencia: "que los obispos, presbíteros y diáconos, es decir, los que tocan los Sacramentos, vivan absteniéndose de las relaciones conyugales, de manera que los que sirven al Altar vivan la castidad en todo momento". Y añaden a continuación una fórmula taxativa: "ut quod apostoli docuerunt, et ipsa servavit antiquitas, nos quoque custodiamus", es decir, "[estas disposiciones] se ordenan a que... también custodiemos nosotros lo que enseñaron los apóstoles y observó la antigüedad"[29].

En este mismo sentido entendió la Iglesia, desde los primeros tiempos, la condición —indicada por san Pablo— de que los diáconos, sacerdotes y obispos sean "casados una sola vez", o "esposo de una sola mujer" (cf. 1Tm 3,2; 3,12; Tt 1,6). No se trata de la permisión —u obligación— de que estén casados solo con una mujer (matrimonio monógamo), sino de la *constatación* de que, en caso de ser casado, será capaz de vivir

---

[28] Johann Adam Möhler, analizó detenidamente este texto en su obra *El celibato sacerdotal*, 141-143.

[29] Mansi, J.D, *Sacrorum Conciliorum Nova Amplissima Collectio*, Vol. III (1692-1769), 692-693; cf. Cochini, *Origines apostoliques du célibat sacerdotal*, 9; Möhler, *El celibato sacerdotal*, 143-144.

la *continencia perpetua* después de su ordenación: "La Tradición de la Iglesia ha interpretado estos textos en el sentido de que un hombre vuelto a casar después de la muerte de su primera esposa no puede ser candidato a las Órdenes Sagradas, porque el nuevo matrimonio supondría una indicación de su falta de capacidad para practicar la perfecta continencia exigida después de la ordenación. Esta fue la interpretación autorizada de los textos paulinos por el papa Siricio en su Decretal *Cum in unum*, promulgada después del Sínodo de Roma en el año 386. La misma interpretación se encuentra en numerosos escritores de la época patrística"[30]. Lo mismo indica Stickler interpretando el sentido de la continencia exigida en los primeros tiempos: al principio se llamó "continencia" y obligaba a que no se casen después de ordenados, o, si ya estaban casados, a no hacer uso del matrimonio después de su ordenación; por eso "en todas las primeras leyes escritas sobre el celibato..., se habla de la prohibición de engendrar hijos [después de la ordenación]"[31].

De ahí también que abunden los textos del antiguo magisterio haciendo referencia a que la esposa del sacerdote, después de la ordenación de su marido, debe comenzar a ser tratada por este como una *hermana* y no ya como su consorte (razón por la cual el acceder al sacerdocio solo podía hacerse con el pleno consentimiento de la interesada, que quedaba íntimamente afectada por la decisión de su esposo). Por ejemplo, en el Concilio Africano del 419: "los subdiáconos, que tocan los santos misterios, y los diáconos, los sacerdotes y los obispos, deben, según las normas vigentes para todos, abstenerse de sus propias consortes, de tal modo que deben tenerlas como si no las tuviesen; y si no se atienen a esto, deben ser alejados del servicio eclesiástico"[32]. Más tarde san Gregorio

---

[30] McGovern, *La teología del celibato*, 21-22.
[31] Stickler, *Il celibato ecclesiastico*, 17.
[32] Cf. Sticker, *Il celibato ecclesiastico*, 40.

magno (590-604) dice algo similar: "el sacerdote desde el momento de su ordenación amará a su sacerdotisa (es decir, su esposa) como una hermana"; y el concilio de Gerona (año 517): "si se ordenan aquellos que estaban casados, no deben vivir juntos con aquella que de esposa se ha convertido en hermana"; o el concilio de Auvergne (año 535): "si un sacerdote o un diácono reciben el orden para el servicio divino, se convierte inmediatamente de marido en hermano de su esposa". Frases semejantes se encuentran en muchos textos patrísticos y conciliares[33]. Algunas disposiciones indican expresamente que el sacerdote puede tener en su casa una mujer pero esta debe ser o su madre o su hija o su hermana; no se menciona, en cambio a su esposa por las evidentes dificultades que esta presencia implicaría para vivir la obligación de la continencia.

Son testigos de esta constante tradición no solo los textos magisteriales sino también los Padres y los Escritores eclesiásticos, como san Ambrosio, san Jerónimo, san Agustín, san Gregorio magno, etc. Todos ellos han señalado la esencial diferencia entre los sacerdotes del Antiguo Testamento, quienes solo debían abstenerse del uso matrimonial durante el tiempo en que ejercían el ministerio santo, y los del Nuevo Testamento, que están obligados no a un servicio esporádico, sino continuo. Por eso decía san Jerónimo: "si semper orandum et ergo semper carendum matrimonio" (si están destinados a orar siempre, entonces han de carecer en todo momento del matrimonio)[34]. Y en otro lugar el mismo autor remontaba esta tradición a los apóstoles diciendo que ellos eran "vel virgines vel post nuptias continentes" (o vírgenes o continentes

---

[33] Cf. Sticker, *Il celibato ecclesiastico*, 130.
[34] San Jerónimo, *De officiis ministrorum*, I, 34; PL 2, 257.

tras su matrimonio)³⁵; y también: "presbiteri, episcopi, diaconi aut virgines eliguntur aut vidui aut certe post sacerdotium in aeternum pudici" (los sacerdotes, obispos y diáconos o se eligen entre los vírgenes, o entre los viudos o entre los que con certeza después de su ordenación sacerdotal permanecerán perpetuamente continentes)³⁶. Este testimonio es muy valioso porque san Jerónimo no es solo espectador de la praxis occidental sino *también de la oriental* pues vivió en Oriente y allí fue ordenado sacerdote y ejerció su ministerio. Por su parte, en los Libros Penitenciales irlandeses del siglo VI (que manifiestan la disciplina vigente en aquellos tiempos) se hace referencia al sacerdote casado que tras su ordenación sigue haciendo uso de su matrimonio, como culpable de "adulterio"³⁷, es decir, como una traición a la fidelidad que debe, desde el momento de su ordenación, a su Esposa la Iglesia. Las distintas reformas (gregoriana, carolingia, tridentina) no harán más que reforzar esta práctica.

Con el paso del tiempo, y por la constante tendencia a la relajación de esta norma que evidentemente amenazaba a los sacerdotes casados, la Iglesia fue prefiriendo, hasta que finalmente impuso, los candidatos célibes, especialmente a partir del concilio tridentino, en el que el clero célibe se convierte en la regla y el clero casado (sujeto a la continencia perfecta) en la excepción. Con la decisión de la creación de seminarios para formar a los futuros sacerdotes, el sacerdocio latino queda definitivamente ligado a la práctica del celibato perfecto.

Contra lo que muchos piensan, la praxis en el Oriente cristiano no fue distinta en los primeros siglos. Testigo honorífico es el obispo Epifanio de Salamina (315-403) quien

---

[35] San Jerónimo, *Adversus Vigilantium*, PL 23, 340-341: "Aut virgines aut continentes aut si uxores habuerint mariti esse desistunt" ("o vírgenes, o continentes, o si tuvieran esposas desisten del uso marital").

[36] San Jerónimo, *Epistola* 49, 21; CSEL 54, 386.

[37] Cf. Sticker, *Il celibato ecclesiastico*, 60-61.

afirma en su principal obra (*Panarion*), escrita en la segunda mitad del siglo IV, que Dios ha mostrado el carisma del nuevo sacerdocio por medio de hombres que han renunciado al uso del único matrimonio contraído antes de la ordenación, o que han vivido desde siempre como vírgenes; y dice que esta es la norma establecida por los apóstoles con sabiduría y santidad[38]. En otra de sus obras (*La exposición de la fe*) retoma la misma idea, y añade que si en algunos lugares los sacerdotes, diáconos y subdiáconos continúan engendrando hijos, se debe no a las normas vigentes sino a la debilidad humana que sigue siempre lo más fácil, y por eso los sacerdotes vienen elegidos sobre todo entre los que son célibes o monjes[39]. San Jerónimo que, como ya hemos dicho también es testigo de privilegio por haber vivido tanto en Occidente como en Oriente (ordenado en Asia Menor en torno al 379), en su obra *Contra Vigilantio*, sacerdote galo que despreciaba el celibato, apela a la praxis de las Iglesias de Oriente, de Egipto y de la Sede Apostólica, todas las cuales, afirma, aceptan solo clérigos vírgenes, continentes y, si son casados, solo una vez que han renunciado al uso del matrimonio:

> "¡Qué vergüenza!, se dice que hay obispos que participan de sus crímenes [de Joviniano], si es que pueden llamarse obispos aquellos que solo otorgan el diaconado a hombres casados, que no creen en la pureza de los célibes, y que, por el contrario, presentan como santos a aquellos de quienes todos sospechan, confiriendo el sacramento [del orden] solo cuando ven preñadas a las mujeres de los clérigos o cargando en brazos a sus hijos. [Pero], ¿cuál es la costumbre de las Iglesias de Oriente? ¿Cuál las de Egipto y de la Sede apostólica? [Estas] solo aceptan como clérigos a los

---

[38] Cf. Epifanio de Salamina, *Panarion*, PG 41, 868, 1024.
[39] Cf. Sticker, *Il celibato ecclesiastico*, 80-81.

que son vírgenes o continentes, o, si son casados, [con la condición de] que hayan dejado de vivir como maridos"[40].

La tradición era, pues, común a todas las Iglesias. Es solo más tarde que se rompe esta disciplina en Oriente, sobre todo por las faltas de los sacerdotes contra su compromiso de continencia y al mismo tiempo por la carencia de una autoridad general que fuese reconocida en todo Oriente —al contrario de cuanto sucedía en Occidente, más centralizado y estructurado en torno a la Santa Sede—. La independencia de las comunidades orientales, incluso en el período anterior a los cismas, jugó en contra de la disciplina del celibato y de la continencia. Por eso no es de maravillar, dice Stickler, que las primeras leyes que sancionan esta situación de hecho, no fueran leyes eclesiásticas sino imperiales, no inspiradas en razones teológicas sino que buscaban regular las condiciones civiles relacionadas con el ministerio sagrado, como el Códice Justiniano (año 534) y las Novellae (535-565). Finalmente, el II Concilio Trullano (año 691) legisla la legitimidad del uso matrimonial a los ministros casados, atribuyendo esta praxis "a la tradición apostólica", pero tergiversando los textos del Concilio de Cartago al que hacen decir lo contrario de lo que se lee en ellos, para poder apoyar la nueva disciplina. El concilio trullano, que nunca fue aceptado como ecuménico por el magisterio universal, sancionó un nuevo modo de concebir la

---

[40] Cf. San Jerónimo, *Adversus Vigilantium*, 2 (PL 23, 340-341). Era, este, un secuaz del hereje Joviniano. Vigilancio quiere decir "el que vigila"; por eso, el mordaz Jerónimo lo llama a veces Dormitancio, "el que dormita". El texto continúa: "Pero las enseñanzas de Dormitancio quitan el freno a la pasión y redoblan el ardor natural de la carne, ardorosa en los corazones de los jóvenes, o los aplaca con las relaciones sexuales con mujeres. De este modo nada nos distingue de los cerdos, ni de los brutos, ni de los caballos, como está escrito: «son con las mujeres como caballos, cada uno relinchando por la mujer de su prójimo» (Jr 5,8). Esto dice el Espíritu Santo por boca de David: «No seas como el caballo y el mulo que carecen de entendimiento» (Sal 32,9). Y respecto de Dormitancio y sus amigos añade: «rienda y freno hacen falta para domar su brío» (ibíd.)".

disciplina sacerdotal sobre la continencia en el Oriente cristiano. Se retorna así del concepto neotestamentario del ministro sagrado al levítico del Antiguo Testamento (exigiendo solo la continencia para los días en que se ejerce el ministerio, aunque con la incongruencia de que en muchos casos este se ejerce todos los días). Sólo en el siglo VII se pedirá la observancia de la continencia al clérigo casado que es promovido al episcopado[41].

Como vemos, pues, el sentido del celibato (pleno o entendido como continencia del uso matrimonial) ha sido siempre valorado singularmente desde los primeros tiempos por la Iglesia, tanto latina como oriental, y se ha mantenido inalterado en la primera hasta nuestros días, hundiendo sus raíces en los mismos tiempos apostólicos.

---

[41] Cencini, A., *Por amor, con amor, en el amor*, 178.

II

La visión revelada del celibato

> *Cristo, mediador de un testamento más excelente (Hb 8,6), ha abierto también un camino nuevo, en el que la criatura humana, adhiriéndose total y directamente al Señor y preocupada solamente de él y de sus cosas (1Co 7,33-35), manifiesta de modo más claro y completo la realidad, profundamente innovadora, del Nuevo Testamento (Pablo VI, Sacerdotalis coelibatus, 20).*

El celibato consagrado no puede ser estimado como una realidad puramente humana. Nace en el marco de la fe y se comprende desde ella o no se entiende de ningún modo. De ahí que haya que buscar su significado en la Revelación cristiana. En tal sentido podemos considerar que su naturaleza queda adecuadamente expresada en el texto paulino de la primera carta a los Corintios:

"Os digo, pues, hermanos: El tiempo es corto. Por tanto, los que tienen mujer, vivan como si no la tuviesen (...) Yo os quisiera libres de preocupaciones. El no casado se preocupa de las cosas del Señor, de cómo agradar al Señor. El casado se preocupa de las cosas del mundo, de cómo agradar a su mujer; está por tanto dividido. La mujer no casada, lo mismo que la doncella, se preocupa de las cosas del Señor, de ser santa en el cuerpo y en el espíritu. Mas la casada se preocupa de las cosas del mundo, de cómo agradar a su marido. Esto os lo digo para vuestra conveniencia, no para tenderos un lazo, sino mirando a lo que es mejor y os permite uniros más al Señor, libres de impedimentos" (1Co 7,29. 32-35).

Habla San Pablo del/de la *ágamos* (ἄγαμος), el no casado, soltero, sin casar, célibe (v. 32 y 34), y de la *parthénos* (παρθένος), la soltera, virgen, doncella (v. 34). No se trata de quien *todavía* no ha contraído matrimonio pero se encamina a tal estado, sino de quien tiene decidido vivir así. Lo deja bien en claro el Apóstol a continuación: "Si alguno estima indecoroso para su hija doncella dejar pasar la flor de la edad, y que debe casarla, haga lo que quiera; no peca; que la case. Pero el que, firme en su corazón, no necesitado, sino libre y de voluntad, determina guardar virgen a su hija, hace mejor. Quien, pues, casa su hija doncella, hace bien, y quien no la casa hace mejor" (1Co 7,36-38).

De esta persona, no casada por voluntaria decisión de darse al Señor, indica varias cosas fundamentales, cuya incomprensión por parte de algunos célibes los lleva a vivir su celibato como quien empuja un pesado carromato:

1º La virginidad consagrada es un estado que se ordena a una entrega total al Señor: se preocupa solamente del Señor y de las cosas del Señor. Preocupar (*merimnáo*, μεριμνάω: preocupar, interesar, afanarse, tener cuidado) significa, en este contexto, una ocupación total. Resulta claro que San Pablo lo contrapone a la "ocupación dividida" del casado; por tanto, es "ocupación exclusiva", plena, total. Equivale a lo que dice Jesús sobre su seguimiento: "Si alguno viene a mí y no aborrece a su padre, a su madre, a su mujer, a sus hijos, a sus hermanos, a sus hermanas y aun su propia vida, no puede ser mi discípulo" (Lc 14,26; cf. 18,29).

Por eso, cuando el célibe no se entrega a Dios de modo total, no lo hace del modo que corresponde a su estado virginal; en todo caso se asemeja al modo en que el soltero se encarga de las cosas de Dios. Llamo *soltero* al que vive el celibato de modo accidental y circunstancial, dedicándose a las cosas del mundo y aspirando al matrimonio o teniendo proyecto de casarse en caso de que aparezca un buen partido. Una persona así, aunque no esté actualmente ligado afectivamente a nadie, tiene el corazón *dispositivamente* dividido.

2º La entrega virginal o celibataria, unifica todas las energías afectivas y espirituales de la persona: "el no casado [célibe] se preocupa de las cosas del Señor" (v.32)[42]. Este es el efecto psicológico de la total dedicación a Jesucristo: la consagración virginal produce la *unificación* de las potencias. Esta unificación de los pensamientos y actos es la causa dispositiva para la unión con Cristo. Es el mismo efecto que, según Santo Tomás, produjo el Espíritu Santo en el alma de la Virgen Santísima en orden a su divina maternidad, es decir, de su consagración total a Dios Hijo, que es un equivalente del estado de consagración virginal. Dice el Aquinate: "El Espíritu Santo realizó una doble purificación en la Santísima Virgen María. Una preparatoria para la concepción de Cristo: que no consistió en purificarla de alguna culpa o inclinación al pecado, sino más bien sustraer su alma de la multitud y conducirla a la unidad"[43]. Un movimiento, pues, que va "a multitudo sustollens", apartándola de la multiplicidad, "in unum colligens" (adunándola en una sola cosa). Esa única actividad a la que ordena las energías y facultades es la contemplación de Dios y la dedicación a las cosas divinas.

Este es el motivo por el que el célibe que no vive realmente en esa actitud de total dedicación y fijación en Dios y

---

[42] Algunas versiones, en su traducción, añaden el adverbio "sólo". Por ejemplo, la traducción de Nacar-Colunga en el v. 34.
[43] Santo Tomás, *S.Th.*, III, 27, 3 ad 3.

en las cosas de Dios, no logra la comunicación entre su corazón y el de Dios. Le falta aquello que es "lo único necesario" (Lc 10,42).

3º En consecuencia, la consagración virginal produce una doble libertad, negativa y positiva: "os permite uniros más al Señor, *libres de impedimentos*" (v. 34). Libertad negativa es la libertad de condicionamientos y ataduras; es el aspecto material de la libertad psicológica. La positiva es la capacidad de elegir algo con todas las fuerzas, fruto del no estar atado a nada; este es el aspecto formal de la libertad psicológica. La primera se ordena a la segunda, como explica Santo Tomás en el *De perfectione vitae spiritualis*:

> "Es evidente que el corazón humano se dirige a algo tanto más intensamente cuanto más se separa de la multiplicidad (*tanto intensius in aliquid unum fertur, quanto magis a multis revocatur*). Así tanto más perfectamente el ánimo del hombre se inclina a amar a Dios, cuanto más separa su afecto de las realidades temporales"[44].

Precisamente para esto da Jesucristo sus consejos evangélicos, como explica el mismo autor:

> "Todos los consejos, por los cuales somos invitados a la perfección, se ordenan a separar el ánimo del hombre del afecto de las cosas temporales, de modo tal que el alma tienda a Dios más libremente (*liberius*), contemplándolo, amándolo y cumpliendo su voluntad"[45].

---

[44] Santo Tomás, *De perfectione vitae spiritualis*, 6, nº 569.
[45] Santo Tomás, *De perfectione vitae spiritualis*, 6, nº 569.

La virginidad y el celibato, como los demás consejos evangélicos, se relacionan estrechamente con la libertad cristiana: se ordenan a "que el alma tienda más libremente" (*ut liberius mens tendat*[46]), "a que el hombre se dedique más libremente a Dios" (*ut homo liberius Deo vacet*[47]). Notemos la significativa repetición del comparativo de superioridad *"liberius"*: más libremente. El celibato aumenta la libertad propia del hombre.

Por este motivo, faltaría lo formal de la vida célibe a quien no vea el celibato como un acto de libertad para amar en plenitud sino como una obligación, o, incluso, como un despojo de una necesidad afectiva. El problema no radica en las exigencias del celibato sino en la incomprensión de la naturaleza de la virginidad.

4º El celibato capacita para una unión inmediata con Cristo: "os permite uniros más al Señor" (v. 34). El celibato implica una renuncia (*dimissio*), pero la perfección no consiste en este aspecto. El abandono y la renuncia a formar una familia no es más que *perfectionis via*, el camino hacia la perfección; es una condición para la perfección. La perfección consiste, en cambio, en la *sequela Christi*, el seguimiento de Cristo. Sin este último, la *dimissio* pierde la formalidad evangélica y se convierte o en una separación del mundo puramente filosófica o, incluso, en una huida del mundo por falta de sociabilidad.

Por eso Santo Tomás afirma claramente que *non sufficit tantum relinquere*, "no basta simplemente dejar", sino que es necesario seguir positivamente una vía nueva, que antes estaba impedida por los lazos a los que ahora se renuncia[48].

---

[46] Santo Tomás, *De perfectione vitae spiritualis*, 6, nº 569
[47] Santo Tomás, *De perfectione vitae spiritualis*, 8, nº 579; 10, nº 599.
[48] Cf. Santo Tomás, *De perfectione vitae spiritualis*, 7, nº 573.

De ahí que la consagración virginal y celibataria, para ser auténtica y provechosa, debe ser fruto de un amor particularmente intenso por Dios. Tan intenso que debería verificarse en el célibe, psicológicamente, la necesidad de salir de sí mismo y de los propios intereses para unirse totalmente a quien ama: "Dice Dionisio en el capítulo 4 del *De Divinis Nominibus*, que «el amor divino causa éxtasis, es decir, coloca fuera de sí; no permite que el hombre sea de sí mismo sino de aquel a quien ama». Ejemplo de esto dio el Apóstol en sí mismo diciendo en Gál 2,20: «Ya no vivo yo, sino que vive Cristo en mí»; como si no estimase suya su propia vida, sino de Cristo, ya que como despreciaba lo que le era propio, se unía totalmente a Cristo"[49].

La aplicación va de suyo: quien no elige el celibato para dedicarse a amar e imitar a Cristo y para amar y dedicarse a Dios, solo con dificultad y de mala pena podrá llevarlo adelante. El proceso de maduración de la persona célibe pasa por hacer del celibato una expresión de la *caridad* hacia Cristo: soy célibe *porque* de esta manera expreso mi amor al Señor. Esto es "vivir la continencia como expresión de la caridad apostólica"[50]. Otros motivos para el celibato no son suficientes: "Una continencia interiormente no dominada por la caridad apostólica no tiene nada de evangélica, ni por otra parte podría ser observada por la persona consagrada, que ha abrazado el celibato para vivir y comunicar la caridad de la Iglesia de una manera más intensa y original"[51]. De todos modos, dejemos en claro que si alguien hubiera abrazado el celibato sin este amor que lo debe animar, no quedaría por ello eximido de vivirlo. En todo caso, debería rectificar su intención y poner ahora todos sus esfuerzos en enamorarse de lo que ha

---

[49] Santo Tomás, *De perfectione vitae spiritualis*, 10, nº 597.
[50] Congregación para la Educación Católica, *Orientaciones...*, n. 16.
[51] Congregación para la Educación Católica, *Orientaciones...*, n. 16.

aceptado libre pero desamoradamente. Es lo mismo que exigimos de quien ha contraído matrimonio sin estar enamorado.

5º La consagración virginal se ordena a la santificación del célibe: "La mujer no casada, lo mismo que la doncella, se preocupa (...) de ser santa en el cuerpo y en el espíritu" (v. 34). "Os he desposado a un solo marido para presentaros a Cristo como casta virgen" (2Co 11,2). De esta santificación del célibe debemos decir dos cosas: primero, debe ser *un empeño positivo* de la persona consagrada, por eso dice el Apóstol que de eso *se ocupa*; en segundo lugar, que tal empeño nace de la *relación esponsal* entre la persona célibe y Jesucristo.

Si el celibato no va acompañado de una tensión serena pero decidida de aspirar a la santidad, no es celibato sino mera soltería; más aún, se asemeja a la castidad resentida del soltero obligado. Es lo que Bruckberger llama "castidad podrida"[52].

---

[52] "Todo lo que es materialmente casto, no por ello es virtuoso: existe la castidad de las piedras, la de los corazones secos, la de los avaros de sí mismos y la de los impotentes, la de los cobardes beatos que tienen miedo al infierno. Todas esas castidades están podridas" (Bruckberger, *Vida de Cristo*).

III

Celibato y la relación plena con Dios

> *En virtud de su celibato el sacerdote puede ser por completo el hombre de Dios, que se ha dejado conquistar enteramente por Cristo y que solo vive para Él. El amor virginal le invita a poseer de una manera más absoluta a Dios y, por eso, a irradiarlo, a darlo en toda su totalidad* (Congregación para la Educación Católica, *Orientaciones*, n. 31.

De las precedentes reflexiones bíblicas se desprende que *el celibato consagrado solo puede ser entendido y vivido como una relación plena de toda la persona del consagrado con Dios. Es una entrega total a Dios*: "El celibato tiene un evidente valor positivo como *total* disponibilidad para el ejercicio del ministerio sacerdotal y como medio de consagración a Dios con el *corazón indiviso*; tiene un valor de signo, de testimonio, de un valor casi paradójico por el reino de los cielos"[53].

Kierkegaard escribe, en torno a 1854: "Dios quiere el celibato porque quiere ser amado"[54].

Quien lo ve de otra manera, por ejemplo, como mera condición canónica ligada a la recepción y al ejercicio del sacerdocio, no comprende su verdad última y lo confunde con una mera soltería, un "estar libre de lazos terrenos" para poder ejercer un ministerio exigente. Pero eso no es el celibato consagrado, *ni alcanza para vivirlo plenamente y con alegría*. Dicha visión solo engendra "castidades secas".

---

[53] Congregación para la Educación Católica, *Orientaciones...*, n. 9.
[54] Fabro, Cornelio, *La aventura de la teología progresista*, 280.

Debemos añadir aquí que también "descuadra" el celibato o virginidad (es decir, tiene una percepción desajustada) quien la reduce a mera integridad corporal. Insistimos: la virginidad y el celibato solo adquieren sentido cuando son parte del movimiento corporal, afectivo y espiritual de entrega total a Dios. Hay una virginidad puramente material, que no es la virginidad cristiana. Decía Pío XII: "como los Santos Padres y los Doctores de la Iglesia enseñan, la virginidad no es virtud cristiana, sino cuando se guarda «por amor del reino de los cielos» (Mt 19,12), es decir, cuando abrazamos este estado de vida para poder más fácilmente entregarnos a las cosas divinas, alcanzar con mayor seguridad la eterna bienaventuranza, y finalmente dedicarnos con más libertad a la obra de conducir a otros al reino de los cielos (...) Este es, por lo tanto, el fin primordial de la virginidad cristiana: el tender únicamente hacia las cosas divinas, empleando en ellas alma y corazón, el querer agradar a Dios en todas las cosas, pensar solo en Él, consagrarle totalmente cuerpo y alma"[55]. Y san Agustín: "No alabamos a las vírgenes porque lo son sino por ser vírgenes consagradas a Dios por medio de una piadosa continencia"[56].

De ahí que, si bien la virginidad y el celibato se entienden principalmente de la renuncia del legítimo ejercicio de la vida sexual, *queda trunca si no va acompañada por la purificación de todas las demás dimensiones afectivas y espirituales*. En este sentido quiero citar el siguiente texto de san Metodio de Olimpo, cuya fuerza nos excusa de la extensión:

"Son muchos los que creen honrar la virginidad y servirla, pero ¡qué pocos la veneran!

No honra la virginidad el hombre que trata de apartar su carne del placer de un abrazo que todavía no ha gustado, pero

---

[55] Pío XII, Enc. *Sacra virginitas*, 9.
[56] San Agustín, *De sancta virginitate*, 8,8; ML 40,400-401, (cit. Pío XII, Enc. *Sacra virginitas*, 10).

sin ejercitar el dominio sobre todo lo demás. Más bien la deshonra, y gravemente, por medio de bajos deseos, cambiando de este modo un placer por otro placer. Ciertamente no la aprecia quien se esfuerza por resistir los deseos carnales, pero luego se enorgullece y enaltece por su capacidad de dominar los ardores de la carne y considera a todos los demás como nada y menos que nada. Se deshonra la virginidad con la arrogancia de la propia soberbia, purificando por fuera el plato y la copa (cf. Mt 23,25), es decir, la carne y el cuerpo, pero dañando el propio corazón con la soberbia y el amor al lujo. Tampoco se esfuerza por honrar la virginidad quien se gloría de las riquezas, sino que la deshonra más que nadie, porque prefiere antes que ella un poco de arena (...)

Hay que conservar todos los miembros del cuerpo puros e inmunes de la corrupción, no solo los que se pueden poner al servicio de la lujuria, sino también los menos escondidos. En efecto, haría sonreír quien quisiera conservar vírgenes los órganos de la reproducción y no la propia lengua, o custodiar la lengua virgen sin hacerlo con la vista, el oído o las manos; o custodiar todas estas partes vírgenes, pero no el propio corazón, prostituyéndolo al servicio del orgullo y la ira. Quien desee estar sin pecado en la práctica de la virginidad tiene que conservar absolutamente puros todos sus miembros y refrenar sus sentidos, como los pilotos de las embarcaciones que atan las uniones, para que el pecado no pueda irrumpir en el alma (...) Muchos, por tanto, considerando que la virginidad consiste principalmente en oponerse a los deseos ardientes de la carne, han pecado contra ella por no haber vigilado a las otras pasiones..."[57]

La virginidad es, pues, parte de una entrega total, y se entiende a partir de esta última. Los que la parcializan, limitando su celibato a una mera abstención física sin cultivo de la entrega del alma, pueden desarrollar una vivencia neurótica de la castidad[58]. Pero tal problema, como indicaremos

---

[57] Metodio de Olimpo, *Sobre la virginidad*, n. 152.
[58] El adjetivo *neurótico* indica aquí una vivencia desequilibrada (traumatizante, obsesiva, estresante, cargada de preocupación y tensiones...). No intento

más adelante, no es intrínseco a la virginidad sino que se origina cuando se la desarticula del trabajo más amplio de conquista —para Dios y para la vida sobrenatural— del campo de la vida afectiva en general.

Algunos de los antiguos Padres de la Iglesia hallaron un fundamento del celibato consagrado en las palabras con que san Pablo justifica la continencia de los esposos: "No os neguéis el uno al otro sino de mutuo acuerdo, por cierto tiempo, *para daros a la oración*; luego, volved a estar juntos, para que Satanás no os tiente por vuestra incontinencia" (1Co 7,5). La oración, en la que se alaba a Dios o se pide a Dios por sí mismos y por los demás, parece exigir, al menos para su práctica más perfecta y su mayor eficacia, el apartamiento temporal del uso matrimonial. Ya sea como manifestación del sacrificio que se hace de las cosas legítimas pero temporales, o bien por la misma sacralidad de la oración que es elevación del alma a Dios. El hecho es que san Pablo considera no solo legítima sino conveniente la abstención del uso sexual en orden al trato personal y directo con Dios y con sus cosas. Hemos ya dicho que en el Antiguo Testamento también se exigía de los ministros, para el servicio temporal del altar, la abstención temporal del uso matrimonial. De ahí que algunos Padres señalaran, como indicamos más arriba, que la *permanente dedicación a las cosas divinas*, que es el *proprium* del sacerdocio del Nuevo Testamento, es la fundamental razón para el celibato, ya en su forma propia de virginidad, ya en su forma antigua de perpetua continencia (para los casados): "si semper orandum est, ergo semper carendum matrimonio" ("si siempre se está dedicado a la oración, entonces siempre se debe carecer de vida matrimonial")[59].

---

usarlo técnicamente, entre otras cosas, porque el mismo concepto de *neurosis* es considerado hoy un tanto impreciso y varía mucho de un autor a otro.

[59] San Jerónimo, *Adversus Jovinianum*, I, 34; PL 23, 269.

Quien no comprende el sentido y valor del celibato y solo lo sobrelleva como una *condición* para recibir el sacerdocio, en el fondo *no aspira a la consagración de sí mismo a Dios*, ni pretende *darse totalmente a Dios, con todo lo que es y posee*; a lo sumo lo hace *a regañadientes*, porque no puede separar ambas realidades (sacerdocio y celibato). Ciertamente aspira a algo muy bueno, el sacerdocio, y pretende dedicarse a las cosas de Dios que el sacerdocio implica, pero en cuanto a su propia persona, *solo se da a sí mismo a Dios de modo obligado*. Y darse "por obligación" es darse parcialmente, porque implica no entregar totalmente el afecto. Quizá por esto, con frecuencia, la puerta de la afectividad queda abierta para otras cosas y/o personas. Entendámonos bien: muchos que, de hecho, inscribiríamos en este modo de ver el sacerdocio, no pretenden —*de iure*— dejar abierta ninguna puerta; quieren ser, quizá, buenos sacerdotes o buenos religiosos. Pero, *de hecho*, esa puerta queda abierta. Siempre está abierta la puerta de la afectividad cuando la virginidad no ha sido elegida por sí misma y no se aspira a querer "unum tantum" porque, como ha dicho Kierkegaard con tino, "la pureza del corazón es querer solo una cosa"[60]. Sus afectos no necesariamente se volcarán hacia otra persona; pero podrían traducirse en apegos mundanos, en aspiraciones a cargos, honores y jerarquías, en una búsqueda de sí mismo..., o a lo mejor no se concreten de ningún modo, quedando la puerta abierta de por vida, sin que nada ni nadie entre por ella, *pero impidiendo que uno pueda dar la espalda a esa puerta para dedicarse de modo total y exclusivo a cuanto tiene dentro de casa*.

El célibe puede vivir con Dios una relación total o parcial. Solo la primera condice con la esencia del celibato consa-

---

[60] Es el título de uno de sus escritos: Kierkegaard, *La pureza del corazón es querer una sola cosa*. Se trata de uno de los *Veinte Discursos Edificantes de Diverso Tenor*, publicados por él en Copenhague en 1843.

grado; la segunda es propia de la soltería, es decir, del "celibato en tránsito" hacia otra cosa; en consecuencia esta última evita todo compromiso total y definitivo, porque siempre se espera alguna nueva oportunidad. Hay personas que hacen compromisos totales y definitivos *en los papeles* pero no en su corazón; es decir, no han asumido la intención de encauzar toda su vida afectiva en la dirección de una sola Realidad: Dios (de suyo, la ceremonia de la ordenación presbiteral deja bien en claro este aspecto al poner en relieve el verdadero sentido del celibato, pero muchos no comprenden en profundidad el paso que dan, porque *no se les ha enseñado a elegir el celibato por lo que significa en sí mismo*).

En este sentido ha dicho Benedicto XVI: "El no casarse es algo fundamentalmente muy distinto del celibato, porque el no casarse se basa en la voluntad de vivir solo para uno mismo, de no aceptar ningún vínculo definitivo, de mantener la vida en una plena autonomía en todo momento, decidir en todo momento qué hacer, qué tomar de la vida; y, por tanto, un «no» al vínculo, un «no» a lo definitivo, un guardarse la vida solo para sí mismos. Mientras que el celibato es precisamente lo contrario: es un «sí» definitivo, es un dejar que Dios nos tome de la mano, abandonarse en las manos del Señor, en su «yo», y, por tanto, es un acto de fidelidad y de confianza, un acto que supone también la fidelidad del matrimonio; es precisamente lo contrario de este «no», de esta autonomía que no quiere crearse obligaciones, que no quiere aceptar un vínculo; es precisamente el «sí» definitivo que supone, confirma el «sí» definitivo del matrimonio. Y este matrimonio es la forma bíblica, la forma natural del ser hombre y mujer, fundamento de la gran cultura cristiana, de grandes culturas del mundo. Y, si desapareciera, quedaría destruida la raíz de nuestra cultura. Por esto, el celibato confirma el «sí» del matrimonio con su «sí» al mundo futuro, y así queremos avanzar y hacer presente este escándalo de una fe que basa toda la existencia en Dios"[61].

Por eso esta consagración total a Dios no está reñida con el amor al prójimo, pues ambos amores se enlazan en el amor de caridad, como está expresado en el primer mandamiento, que es doble: "El primer [mandamiento] es: «Escucha Israel, el Señor, nuestro Dios, es el único Señor, y amarás al Señor tu Dios con todo tu corazón, con toda tu alma, con toda tu mente y con todas tus fuerzas». El segundo es: «Amarás a tu prójimo como a ti mismo». No existe otro mandamiento mayor que éstos" (Mc 12,29-31). Es el mismo amor a Dios el que, en el amor de caridad, *que es el único amor que puede mover a la entrega total de sí mismo a Dios en la virginidad*, empuja al amor del prójimo: "la razón del amor al prójimo es Dios, pues lo que debemos amar en el prójimo es que exista en Dios. Es, por lo tanto, evidente que son de la misma especie el acto con que amamos a Dios y el acto con que amamos al prójimo. Por eso el hábito de la caridad comprende el amor, no solo de Dios, sino también el del prójimo"[62].

Más aún, podemos considerar válidas aquellas apreciaciones de Lewis: "Hemos sido hechos para Dios, y solo siendo de alguna manera como Él, solo siendo una manifestación de su belleza, de su bondad amorosa, de su sabiduría o virtud, los seres amados terrenos han podido despertar nuestro amor. No es que los hubiéramos amado demasiado, sino que no entendíamos bien qué era lo que estábamos amando (...) Cuando veamos el rostro de Dios sabremos que siempre lo hemos conocido. Ha formado parte, ha hecho, sostenido y movido, momento a momento, desde dentro, todas nuestras experiencias

---

[61] Benedicto XVI, *Coloquio con los sacerdotes en la Vigilia de Clausura del Año Sacerdotal*, 1 de junio de 2010.
[62] Santo Tomás, *S.Th.*, II-II, 25, 1.

terrenas de amor puro. Todo lo que era en ellas amor verdadero, aun en la tierra era mucho más Suyo que nuestro, y solo era nuestro por ser Suyo. En el Cielo no habrá angustia ni el deber de dejar a nuestros seres queridos de la tierra. Primero, porque ya los habremos dejado: los retratos por el Original, los riachuelos por la Fuente, las criaturas que Él hizo amables por el Amor en sí mismo. Pero, en segundo lugar, porque los encontraremos a todos en Él. Al amarlo a Él más que a ellos, los amaremos más de lo que ahora los amamos"[63].

Pero una relación de entrega total a Dios solo puede ser una *respuesta* de amor que el ser humano da a Dios. "Él nos amó primero", dice san Juan (1Jn 4,10). Por eso, para elegir el celibato por motivos sólidos es fundamental tener conciencia de *ser amados por Dios*. Dios ama a todas las personas y por cada una ha entregado a su Hijo único (cf. Jn 3,16). Pero no todas experimentan la *necesidad* de corresponder a ese amor con un amor total, *indiviso* (cf. 1Co 7,33-34). Lo que sí es cierto es que no se puede amar a Dios con un corazón *indiviso*, en una entrega total, si no hay conciencia y experiencia de ser amados.

Cuando el celibato se interpreta exclusiva (o principalmente) como "*ley* eclesiástica", o sea, como una obligación impuesta por la Iglesia, y no como un "acto de amor" se vuelve tan árido como un matrimonio sin amor. En este sentido, debemos suscribir esta afirmación de Allport: "La certeza que se deriva de sentirse amado y de dar amor constituye el cimiento de una existencia sana a cualquier edad de la vida"[64]. De aquí se sigue que "la libertad afectiva nace de dos certezas estables, la de haber sido amados y la de poder (y deber) amar"[65]. Esto tiene un valor incalculable ya en el plano humano. Aquilino Polaino dice: "¿Acaso puede alguien quererse a sí mismo

---

[63] Lewis, C.S., *Los cuatro amores*, cap. "Caridad" (in fine).
[64] Allport, G.W., *L'individuo e la sua religione*, Brescia (1972), 143; citado por Cencini, *Por amor, con amor, en el amor*, 571,
[65] Cencini, *Por amor, con amor, en el amor*, 571.

si jamás se ha sentido querido?"; y añade Pithod: "Se aprende a querer si nos quieren. Obviamente, deberá uno ejercitar su querer queriendo, no solo a sí mismo sino a otros"[66]. De todos modos, una carencia afectiva, incluso en los primeros años de vida, como lamentablemente le ocurre hoy en día a muchas personas, *no es absolutamente determinante*, sino que puede remontarse: "no se está condenado a la inseguridad por carencias provenientes de otros seres humanos"[67]. Para ciertos casos, yo diría que puede remontarse precisamente en la medida en que se despierte la conciencia de ser amados por Dios.

"¡Cuántas crisis afectivas del sacerdote o del religioso célibe, cuántos apegos, enamoramientos, dependencias, vínculos y compromisos, etc., se deben no tanto a una pulsión genital que busca satisfacerse, sino más bien a la falta de esa certeza y, por tanto, a la necesidad de saber que... «alguien piensa en mí», que «hay alguien para quien significo algo», que «hay alguien pendiente de mí», que «no es cierto que no me merezco que se me quiera», etc.!"[68]

Para el celibato esta conciencia es *esencial*. Porque el celibato es respuesta de amor total a un Amor total. De hecho, para vivir el celibato en plenitud no basta con guardarlo *porque* Dios (o la Iglesia) lo manda, sino porque Dios nos atrae de tal manera que solo podemos corresponder a su amor con un amor total; y en esto consiste precisamente el amor célibe.

Esta necesaria conciencia del amor de Dios, en muchos casos requerirá un trabajo por parte de la persona célibe de *considerar* y *meditar* sobre la Paternidad divina y su amor misericordioso; porque no para todos el amor divino es tan pa-

---

[66] Polaino, Aquilino, *Familia y autoestima*, Madrid (2004), 56; Pithod, A., *Breviario de psicología*, Mendoza (2010), 40.
[67] Pithod, *Breviario de psicología*, 41; hace referencia a Lukas, E., *Psicoterapia en dignidad*, Buenos Aires (1995).
[68] Cencini, *Por amor, con amor, en el amor*, 562.

tente, y tanto algunas experiencias personales de la vida (educación, familia), como la falta de trabajo en este aspecto, pueden llegar a opacar esta verdad[69].

---

[69] Al respecto he escrito dos libros: Miguel Fuentes, *Meditaciones sobre Dios Padre*, Virtus 14, San Rafael (2011); *El Padre revelado por Jesucristo*, Virtus 9, San Rafael (2008).

IV

Celibato y esponsalicio con la Iglesia

> La Iglesia, como Esposa de Jesucristo, desea ser amada por el sacerdote de modo total y exclusivo como Jesucristo, Cabeza y Esposo, la ha amado (Juan Pablo II, Pastores dabo vobis, 29).

Una dimensión fundamental del celibato es el sentido esponsal que este tiene respecto de la Iglesia. De ahí que cuando el misterio de la Iglesia no es percibido, o solo lo es de modo defectuoso, la vida sacerdotal y la vida virginal corren el riesgo de presentarse como incongruentes y carentes de sentido[70].

La *Pastores dabo vobis* decía del sacerdote: "está llamado a revivir en su vida espiritual el amor de Cristo Esposo con la Iglesia esposa. Su vida debe estar iluminada y orientada también por este rasgo esponsal, que le pide ser testigo del amor de Cristo como Esposo y, por eso, ser capaz de amar a la gente con un corazón nuevo, grande y puro, con auténtica renuncia de sí mismo, con entrega total, continua y fiel, y a la vez con una especie de «celo» divino (cf. 2Co 11,2), con una ternura que incluso asume matices del cariño materno, capaz de hacerse cargo de los «dolores de parto» hasta que «Cristo sea formado» en los fieles (cf. Gál 4,19)"[71].

---

[70] Lo decía Pablo VI: "adquiera el sacerdote un sentido cada vez más profundo del misterio de la Iglesia, fuera del cual su estado de vida correría el riesgo de aparecerle sin consistencia e incongruente" (*Sacerdotalis coelibatus*, 75). Cf. De Lubac, Henri, *Meditación sobre la Iglesia*, Madrid (2011).

[71] Juan Pablo II, *Pastores dabo vobis*, 22.

La relación con la Iglesia entendida como amor esponsal es esencial para comprender tanto el sacerdocio como el celibato, porque este último se entiende como el modo en que el sacerdote ama a la Iglesia como la amó Jesucristo. Lo decía Juan Pablo II: "La entrega de Cristo a la Iglesia, fruto de su amor, se caracteriza por aquella entrega originaria que es propia del esposo hacia su esposa, como tantas veces sugieren los textos sagrados. *Jesús es el verdadero esposo,* que ofrece el vino de la salvación a la Iglesia (cf. Jn 2,11). Él, que es «Cabeza de la Iglesia, el salvador del Cuerpo» (Ef 5,23), «amó a la Iglesia y se entregó a sí mismo por ella, para santificarla, purificándola mediante el baño del agua, en virtud de la palabra, y presentársela a sí mismo resplandeciente; sin que tenga mancha ni arruga ni cosa parecida, sino que sea santa e inmaculada» (Ef 5,25-27). La Iglesia es, desde luego, el cuerpo en el que está presente y operante Cristo Cabeza, pero es también la Esposa que nace, como nueva Eva, del costado abierto del Redentor en la cruz; por esto Cristo está «al frente» de la Iglesia, «la alimenta y la cuida» (Ef 5,29) mediante la entrega de su vida por ella. El sacerdote está llamado a ser imagen viva de Jesucristo Esposo de la Iglesia"[72]. Y más adelante: "el celibato sacerdotal [se debe considerar]... como un valor profundamente ligado con la sagrada Ordenación, que configura a Jesucristo, buen Pastor y Esposo de la Iglesia, y, por tanto, como la opción de un amor más grande e indiviso a Cristo y a su Iglesia"[73].

El amor sacerdotal, del cual el celibato es su modo específico, es amor *a* la Iglesia: "El don de nosotros mismos, raíz y síntesis de la caridad pastoral, tiene como destinataria la Iglesia. Así lo ha hecho Cristo «que amó a la Iglesia y se entregó a sí mismo por ella» (Ef 5,25); así debe hacerlo el sacerdote. Con la caridad pastoral, que caracteriza el ejercicio del ministerio

---

[72] Juan Pablo II, *Pastores dabo vobis*, 22.
[73] Juan Pablo II, *Pastores dabo vobis*, 50.

sacerdotal como «amoris officium» (San Agustín), el sacerdote, que recibe la vocación al ministerio, es capaz de hacer de este una elección de amor, para el cual la Iglesia y las almas constituyen su principal interés y, con esta espiritualidad concreta, se hace capaz de amar a la Iglesia universal y a aquella porción de Iglesia que le ha sido confiada, con toda la entrega de un esposo hacia su esposa. El don de sí no tiene límites, ya que está marcado por la misma fuerza apostólica y misionera de Cristo, el buen Pastor, que ha dicho: «también tengo otras ovejas, que no son de este redil; también a esas las tengo que conducir y escucharán mi voz; y habrá un solo rebaño, un solo pastor» (Jn 10,16)"[74].

Es tan importante esta verdad que se ha llegado a afirmar que en esta entrega esponsalicia se encuentra la "motivación teológica de la ley del celibato". Así lo hizo Juan Pablo II: "Es particularmente importante que el sacerdote comprenda *la motivación teológica de la ley eclesiástica sobre el celibato*. En cuanto ley, ella expresa la voluntad de la Iglesia, aun antes que la voluntad que el sujeto manifiesta con su disponibilidad. Pero esta voluntad de la Iglesia encuentra su *motivación última* en la relación que el celibato tiene con la ordenación sagrada, que *configura al sacerdote con Jesucristo, Cabeza y Esposo de la Iglesia*. La *Iglesia, como Esposa* de Jesucristo, *desea ser amada por el sacerdote de modo total y exclusivo como Jesucristo, Cabeza y Esposo, la ha amado*. Por eso el celibato sacerdotal es un don de sí mismo en y con Cristo a su Iglesia y expresa el servicio del sacerdote a la Iglesia en y con el Señor"[75].

Según San Pablo la relación del varón y la mujer —tal como es descrita en el Génesis (cf. Gn 1,28; 2,24) y en san Mateo (cf. Mt 19,5-6) es un "anteproyecto" —como dice Sch-

---

[74] Juan Pablo II, *Pastores dabo vobis*, 23.
[75] Juan Pablo II, *Pastores dabo vobis*, 29.

maus— y prefiguración de la relación entre Cristo y la Iglesia[76]. Por tanto, también lo será de la relación entre el sacerdote y la Iglesia. También él como Adán, imagen de Cristo y, por consiguiente, *del sacerdote* que es otro Cristo: 1º ha de dejar a los suyos, los que él ama ("dejará a su padre y a su madre"); 2º se entregará a la Iglesia ("se unirá a su esposa"); 3º haciéndose con ella un solo corazón ("ya no serán dos sino una sola carne"); 4º en un amor indisoluble ("lo que unió Dios, no lo separe el hombre"); y 5º tendrá que engendrar hijos por ella y para ella en fecundidad espiritual ("creced y multiplicaos; llenad la tierra").

Siendo el celibato de amor del sacerdote la encarnación del amor de Cristo por la Iglesia, tiene su carta magna en lo que escribe san Pablo a los efesios: "Maridos, amad a vuestras mujeres como Cristo amó a la Iglesia y se entregó a sí mismo por ella, para santificarla, purificándola mediante el baño del agua, en virtud de la palabra, y presentársela resplandeciente a sí mismo; sin que tenga mancha ni arruga ni cosa parecida, sino que sea santa e inmaculada" (Ef 5, 25-27). Si el ejemplo de Cristo vale de modelo para los maridos, con mucha más razón ha de ser el paradigma del sacerdote que no debe hacer otra cosa que *reproducir* y *continuar* ese místico maridaje de Nuestro Señor y la Iglesia Esposa. Notemos la densidad de cada una de estas expresiones:

---

[76] Además el mismo teólogo añade: "La entrega de Cristo a su esposa no es un proceso transitorio y momentáneo; jamás termina porque su amor es incansable; vive siempre para su esposa, la cuida y protege como a su propio yo; la alimenta con su palabra y, sobre todo, con su carne y sangre eucarísticas. Al regalarle su cuerpo y sangre en el sacramento se convierte realmente en un solo cuerpo y en una sola carne con ella. La unidad entre Cristo y la Iglesia supera la de la comunidad matrimonial de varón y mujer en intimidad, fuerza y duración; Cristo atrae a la Iglesia con una fuerza que supera toda posibilidad humana. La unidad de varón y mujer es una débil imagen de la unidad entre Cristo y la Iglesia. Lo que aquí se intercambia es vida eterna e inmortal, no sólo vida terrena y perecedera como en el matrimonio de varón y mujer" (Schmaus, *Teología Dogmática IV: La Iglesia*, Madrid [1960]).

1º La amó (*dilexit*). Si cualquier hijo de la Iglesia debe amarla, la vocación del sacerdote es absolutamente incomprensible sin una caridad distinguida. El celibato en su aspecto positivo de *amor totalizador* (es decir, de amor que arrastra toda la persona del amante —junto a todo lo que le pertenece— hacia lo amado) expresa este amor.

2º Se entregó a sí mismo por ella (*tradidit semetipsum pro ea*). El amor se traduce en entrega de sí. San Pablo está pensando en el sacrificio y la muerte de Cristo por su Iglesia, en el mismo sentido en que dice en otro lugar: "me amó y se entregó a sí mismo por mí" (Gal 2,20). También Nuestro Señor habló de entrega como dar la vida: "nadie tiene mayor amor que quien da su vida por sus amigos" (Jn 15,13). El sacerdote debe sacrificarse por la Iglesia. El celibato en su aspecto negativo de *renuncia* e *inmolación* es la manifestación propia de esa entrega. En su grado supremo, la entrega se traduce en martirio: "El martirio, dice santo Tomás, entre todos los actos virtuosos, es el que de modo máximo demuestra la perfección de la caridad. Porque tanto más demuestra alguien que ama algo, cuanto más cosas desprecia por la cosa amada, y cuanto más cosas odiosas elige padecer por ella"[77].

3º Para santificarla (*ut illam sanctificaret*). La finalidad del amor es el bien del amado; también en el amor a la Iglesia el célibe busca ese bien, que es, por encima de toda otra cosa, la santidad, como dice el Salmo: "la santidad es el ornato de tu Casa" (Sal 93,5).

4º Limpiándola con el lavado del agua (*mundans lavacro aquae*). La santidad de la Iglesia es la de sus hijos, los cuales son pecadores, aunque no son miembros suyos en razón de sus pecados, sino a pesar de ellos; propiamente a causa de los

---

[77] Santo Tomás, *S.Th.*, II-II, 124, 3.

valores espirituales que subsisten en ellos y en cuya virtud permanecen de algún modo vivos todavía. Por eso, santificar equivale a purificar y combatir el pecado: "la Iglesia lleva dentro de su corazón a Cristo luchando contra Belial", dice Journet[78]. San Ambrosio afirmaba: "No en ella, sino en nosotros es herida la Iglesia. Vigilemos, pues, para que nuestra falta no constituya una herida para la Iglesia"[79]. El sacerdote que realmente ama a la Iglesia comienza la purificación de Esta al luchar *consigo mismo* y al combatir toda forma de pecado y de mundanidad tanto en sí mismo como en su prójimo.

5º En consecuencia el sacerdote la presenta a Cristo, en cuyo nombre ama y se entrega, con esas cuatro prerrogativas que le asigna el apóstol: gloriosa, inmaculada, sin arruga y santa (*ut exhiberet ipse sibi gloriosam, non habentem maculam aut rugam, ut sit sancta et immaculata*).

El sacerdote realiza este amor y entrega, ante todo, *mirando a la Iglesia con ojos de fe*; con ese "sensus Ecclesiae" —sentido eclesial— que nace de la conciencia de que la Iglesia es un misterio que trasciende lo que el mundo percibe de Ella. Hay otros modos de mirarla, como cuando se la observa con ojos temporales y humanos, tal cual lo haría un sociólogo o un historiador de la religión. La mirada de fe hace brotar un conocimiento por connaturalidad que tiene de propio un discernimiento singular para acertar qué pertenece realmente a la Iglesia y qué no. Quien tiene este sentido "descubre, huele, si es lícito hablar así, las enseñanzas de la fe a distancia y por los menores indicios; se inclina a ellas por instinto, discierne sus méritos ocultos y las reduce todas a la unidad"[80]. Este *sensus fidei* se transforma a menudo en "sensus Ecclesiae minatae",

---

[78] Journet, Charles, *Teología de la Iglesia*, Bilbao (1966).
[79] San Ambrosio, *De Virginitate*, 8,48; PL 16,278 D.
[80] Comier, citado por Arintero, *Desenvolvimiento y vitalidad en la Iglesia*, III, Madrid (1976), 174, nota 4.

es decir sentido de las amenazas que se ciernen contra la Iglesia; lo que no todos los cristianos —ni siquiera muchos pastores— poseen, como demuestra el que, a lo largo de la historia, tantos hayan sido ciegos ante gravísimas circunstancias que han puesto en peligro a la Iglesia. Ocurrió en la trágica coyuntura del arrianismo que puso casi la mitad de la Iglesia en estado de herejía ("ingemuit totus orbis et arianum se esse miratus est", llegó a decir san Jerónimo, "gimió el orbe entero, y se asombró de ser arriano"). El cardenal Newman, gran estudioso de ese período, llegó a decir: "el cuerpo de los obispos fracasó en su confesión de fe", frase que hay que interpretar en el sentido de "una parte preponderante" de este cuerpo. Y si triunfó finalmente la fe ortodoxa fue por algunos pocos gigantes que lucharon casi solos, y hasta cierto punto más por la fe del cuerpo de los fieles que por la del cuerpo de los pastores (Newman llega a decir que "en aquel tiempo de inmensa confusión, el dogma divino de la divinidad de Nuestro Señor fue proclamado, impuesto, mantenido y [humanamente hablando] preservado, más por la «Ecclesia docta» [Iglesia enseñada, es decir, los fieles] que por la «Ecclesia docens» [la Iglesia docente, o sea, la de los pastores]; pues el cuerpo del episcopado fue infiel a su misión, mientras el cuerpo del laicado fue fiel a su bautismo"[81]). Hoy nos encontramos en una situación muy semejante.

---

[81] La frase es muy fuerte y debe ser entendida, lo repetimos, del "grueso" de los obispos (¡a veces uno o dos centenares de claudicantes contra uno o dos pastores fieles!); pero no debemos olvidar que fue la época en que descollaron santos como Atanasio, Hilario de Poitiers, Osio, Ambrosio de Milán, Basilio, Gregorio Nacianceno, etc. El texto de Newman dice: "In that time of immense confusion the divine dogma of our Lord's divinity was proclaimed, enforced, maintained, and (humanly speaking) preserved, far more by the «Ecclesia docta» than by the «Ecclesia docens»; that the body of the Episcopate was unfaithful to its commission, while the body of the laity was faithful to its baptism" (*Arians of the Fourth Century*, "Note 5. The Orthodoxy of the Body of the Faithful during the Supremacy of Arianism", 3ª ed., London [1908]).

En segundo lugar el amor del sacerdote aspira a la comunión con la Iglesia. No hay amor verdadero si este no empuja a la unión, a un sentir común, a una sintonía de corazones. Una forma particular de este "sentir con" la Iglesia es la "compasión eclesial", es decir, participar en los sufrimientos de la Iglesia. La connaturalidad se convierte aquí en compasión; dolor con y por la Iglesia que —como se dice a menudo— es una, santa, católica, apostólica y *perseguida* (externamente por los enemigos de Dios, internamente por sus malos hijos).

Finalmente, el amor auténtico hace nacer en el corazón sacerdotal la "magnanimidad eclesial", o sea, los mismos ideales y aspiraciones de la Iglesia. El amor por la Iglesia se convierte en condesear, conanhelar, conaspirar por la extensión del reino de Dios y la salvación de las almas; la "solicitud por todas las iglesias" de que habla san Pablo (2Co 11,28). Cuando se siente así, se puede decir con Romano Guardini: "La Iglesia se ha despertado en nuestras almas".

El celibato como entrega total de amor se comprende desde esta relación con el misterio de la Iglesia, o se torna nebuloso y abstruso sin ella.

V

El celibato y la eucaristía

> *Sobre el misterio eucarístico, celebrado y adorado, se funda el celibato que los presbíteros han recibido como don precioso y signo del amor indiviso hacia Dios y hacia el prójimo* (Benedicto XVI, *Homilía de la Clausura del Sínodo de los obispos y del Año de la Eucaristía, 23-X-2005*).

En los primeros tiempos, como ya señalamos, se exigía el celibato-continencia a quienes eran ordenados estando ya casados, o el celibato virginal a quienes eran solteros; práctica, esta última, que prevaleció con el correr de los tiempos en Occidente. Pero ¿por cuál motivo? ¿Quizá por la libertad que el celibato otorga a sus ministros para dedicarse a las tareas apostólicas? ¿Por la disponibilidad para ser enviados donde la Iglesia lo necesite? ¿O bien por la necesidad de estar libre de preocupaciones seculares? En parte sí y en parte no. Todas estas razones son válidas, pero parciales y ninguna de ella es la razón principal. Solo es central la *dedicación del consagrado a la oración* y en particular a la oración litúrgica, centrada en el misterio eucarístico.

Los santos Padres sostenían que la razón que exigía la continencia de los sacerdotes del Antiguo Testamento era el culto divino; por eso era temporal, porque su servicio al altar se desempeñaba por turnos anuales. Con más fuerza exige un celibato permanente, según la doctrina de los mismos Padres, el culto del Nuevo Testamento que tiene por centro el sacrificio eucarístico.

El sacerdote católico es "para la Eucaristía": "El sacerdote —ha dicho Juan Pablo II— ofrece el Santo Sacrificio «in persona Christi», lo cual quiere decir más que «en nombre», o también «en vez» de Cristo. «In persona»: es decir, en la identificación específica, sacramental con el «Sumo y Eterno Sacerdote», que es el Autor y el Sujeto principal de este su propio Sacrificio, en el que, en verdad, no puede ser sustituido por nadie. Solamente Él, solamente Cristo, podía y puede ser siempre verdadera y efectiva «propitiatio pro peccatis nostris ... sed etiam totius mundi». Solamente su sacrificio, y ningún otro, podía y puede tener «fuerza propiciatoria» ante Dios, ante la Trinidad, ante su trascendental santidad. La toma de conciencia de esta realidad arroja una cierta luz sobre el carácter y sobre el significado del sacerdote-celebrante que, *llevando a efecto el Santo Sacrificio y obrando «in persona Christi»*, es introducido e insertado, de modo sacramental (y al mismo tiempo inefable), en este estrictísimo «Sacrum», en el que a su vez asocia espiritualmente a todos los participantes en la asamblea eucarística"[82].

La relación del sacerdote con el culto eucarístico, y con el Sumo Sacerdote al que aquel "in-persona", lleva a una identificación espiritual, psicológica y mística con Jesucristo. Por este motivo la Eucaristía es el "fundamento permanente y vital de nuestro celibato", como ha dicho Benedicto XVI[83].

---

[82] Juan Pablo II, *Dominicae Cenae*, 8.
[83] Benedicto XVI, *Coloquio con los sacerdotes en la Vigilia de Clausura del Año Sacerdotal*, 1 de junio de 2010. Estas palabras respondían a la pregunta del sacerdote Karol Miklosko, quien había dicho: "El sacrificio de la Cruz me revela al Buen Pastor, que lo da todo por el rebaño, por cada oveja, y cuando digo: «Este es mi cuerpo... esta es mi sangre» dada y derramada en sacrificio por vosotros, entonces comprendo la belleza del celibato y de la obediencia, que prometí libremente en el

El celibato es, indudablemente, útil para que el sacerdote sea "de todos" y esté a disposición de todos; para que no sea a tiempo pleno de una familia (la suya) y de todos solo parcialmente. Pero también es más que eso; es esencial para que el sacerdote sea hombre totalmente de Jesús eucarístico. Su trato con la Eucaristía exige del sacerdote una plena configuración con Cristo, cuyo corazón tiene como rasgo fundamental la dedicación total y plena a Dios: "¿No sabíais que yo debo *dedicarme* a las cosas de mi Padre?" (Lc 2,49).

El celibato se comprende más plenamente a la luz del misterio eucarístico, en cada consagración, en donde el sacerdote contempla a Cristo que se entrega "en su cuerpo y su sangre", con un don total. La expresión de san Juan: "los amó hasta el extremo" (Jn 13,1) introduce los acontecimientos de la Última Cena, es decir, el momento en que el Señor se entregará en la Eucaristía; por eso, la expresión muy bien puede traducirse como: "los amó hasta la Eucaristía". La "meditación" diaria de ese drama que se revive en sus propias manos muestra al sacerdote que, de su parte, no puede haber respuesta "ajustada" a la total donación de Dios al hombre (al mismo sacerdote en primer lugar) que una donación total, sin reservas. *Y esa es la esencia del celibato*.

De aquí que la incomprensión del celibato con frecuencia vaya de la mano con la apatía ante el misterio eucarístico, tanto la displicencia (o incluso el agravio) en el modo de celebrar la Misa, cuanto en la despreocupación ante el culto eucarístico en general (fe en la presencia de Jesús en el Sagrario, abandono de la adoración eucarística, etc.). En general, la mayoría de las defecciones no comienzan (aunque no hay que descartar esta causa para algunos casos) regateando la generosidad en el apostolado (¡al contrario, muchas veces están

---

momento de la ordenación. Aun con las naturales dificultades, el celibato me parece obvio, mirando a Cristo, pero me siento trastornado al leer tantas críticas mundanas a este don".

precedidas de un hiperactivismo apostólico!), sino, principalmente, en el abandono de la intimidad con Cristo en la Eucaristía y de la piedad en su trato.

Recíprocamente, el amor y la devoción eucarística, la delicadeza y la frecuencia en el trato con Jesús sacramentado, la piedad en el modo de celebrar la santa Misa, son, todos, bastiones de la castidad y del celibato sacerdotal. La eucaristía no solo alimenta a las y los vírgenes, sino que los forja.

VI

El celibato como carisma

> *En virtud de este carisma, corroborado por la ley canónica, el hombre está llamado a responder con libre decisión y entrega total, subordinando el propio yo al beneplácito de Dios que lo llama (*Pablo VI, *Sacerdotalis coelibatus, 62).*

El celibato sacerdotal, es decir, el abrazar la vida casta como modo de vida definitivo, como consagración a Dios de la propia afectividad y sexualidad, es un carisma, un don que viene de Dios de modo totalmente gratuito. Es una *gratia gratis data*. No se identifica propiamente con la vocación al sacerdocio[84], razón por la cual también coexiste en la Iglesia católica el sacerdocio de hombres casados, como en las Iglesias de rito oriental, y el llamado a la virginidad sin aspiración al sacerdocio. Pero ambos llamados se vinculan de modo estrechísimo, como lo reconoce la tradición occidental que se remonta, como ya hemos dicho, a los mismos apóstoles.

El que sea un carisma significa que no es simplemente una opción humana, sino un don de Dios. Y como don divino, Dios lo da a quien Él quiere. Por este motivo no debe confundirse el celibato, como aquí lo consideramos, con la continencia obligatoria a la que están sometidos quienes no pueden contraer matrimonio por razones de salud física o psíquica, o

---

[84] "Ciertamente, el carisma de la vocación sacerdotal, enderezado al culto divino y al servicio religioso y pastoral del Pueblo de Dios, es distinto del carisma que induce a la elección del celibato como estado de vida consagrada (cf. n. 5, 7)" (Pablo VI, *Sacerdotalis coelibatus*, 15; cf. 14, 5, 7).

quienes, aspirando al matrimonio, no han encontrado la persona adecuada con quien compartir su vida. La Iglesia, que es intérprete de la voluntad divina por mandato del mismo Cristo, exige este carisma a todos los que han de ser ordenados obispos; y en el rito latino, a todos los candidatos al presbiterado.

La discusión se centra en este punto: si es un carisma, entonces viene de Dios y no podría exigirse a todos, sino a quienes Dios se lo otorga, lo que sería distinto en caso de ser una virtud moral, coincidente con la castidad y la continencia. Como es de suponer, muchos de los que piden la abolición del celibato se apoyan en este punto afirmando que la Iglesia no puede exigir lo que es un carisma.

Pero ambos aspectos no se oponen de este modo y el argumento esgrimido se apoya sobre un sofisma. Que sea un carisma significa que Dios da a algunos de modo gratuito el deseo de consagrarle su castidad de modo perfecto; es, "en quien no pone obstáculo, una particular disposición y tendencia por la vida célibe"[85]. Ni el carisma del celibato supone una adhesión automática al mismo, ni la ausencia del carisma dispensa del celibato a quien debe observarlo a pesar de no sentir inclinación por él. Al respecto dice Fabro:

> "De ningún modo el carisma obliga al celibato ni nos dispensa de la decisión para escogerlo; el carismático no es menos capaz y dispuesto a entrar en el matrimonio que otro cualquiera (...) La Iglesia establece —como presupuesto para conferir las órdenes mayores— junto con el carisma del celibato, la voluntad de observar la completa abstinencia sexual. La conducta de la Iglesia en esto es patente: establece las exigencias propias de todos los que ejercen el ministerio. El que quiere llegar a ser sacerdote,

---

[85] Fabro, Cornelio, *La aventura de la teología progresista*, 289.

debe, entre otras cosas, asumir la ley de la completa abstinencia sexual. Tres veces asegura con juramento que conoce este deber y que libremente lo acepta. Cómo en estas circunstancias pueda hablarse de «obligación» (Zwang) es incomprensible. Nadie está obligado, es más, nadie puede ser obligado a ser sacerdote"[86].

De hecho, aun cuando se reciba el carisma del celibato, este debe ser aceptado y elegido, y se puede ser infiel a él. Al mismo tiempo se puede estar obligado a vivir la castidad como abstinencia total por motivos muy diversos del deseo de consagración, como ocurre a las muchas personas que deben vivir castas porque no pueden contraer matrimonio a causa de enfermedades físicas o psíquicas, los viudos, los presos y sus cónyuges, las personas casadas que se han separado, etc. Por otra parte, tenemos una confirmación histórica de esto en el hecho de que la Iglesia latina en los primeros tiempos ha exigido el celibato como "continencia/abstinencia del uso matrimonial" al ordenar a hombres casados. También para ellos el celibato es un carisma, pero esto no obsta a que, antes de su ordenación hayan usado de su matrimonio, ni este hecho (el haber tenido una vida conyugal activa antes de su ordenación) obstaba para que aceptasen, después de recibir las órdenes sagradas, la obligación de la continencia perpetua. Por tanto, el *carácter carismático* no supone una carencia total de inclinación sexual.

El carisma otorga, en todo caso, una *inclinación* a elegir este modo de vida, porque Dios atrae el corazón a dejarlo todo por Él. Este carisma, como por otra parte también la vocación al sacerdocio, solo se descubre por experiencia personal: al sentirse de algún modo llamado a darle algo tan íntimo a Dios para buscarlo solo a Él, y por la experiencia de ser capaces de tal entrega. No se percibe, en cambio, por ninguna *facilidad*

---

[86] Fabro, Cornelio, *La aventura de la teología progresista*, 289.

humana particular; puede estar acompañado de numerosas luchas y deseos de formar una familia (¡incluso este deseo puede durar toda la vida y presentarse como una "fuerte propensión a formar una familia"![87]), pero la persona tiene conciencia de que *hay un motivo superior*, válido para él de modo especialísimo ("es conveniente para mí") para guardar el corazón intacto para Dios. La *facilidad* para vivir el celibato proviene, en cambio, del ejercicio de la virtud moral de la castidad (y su auxiliar, la continencia); pues la facilidad y el deleite en la realización de una obra son efectos del *hábito moral*, y no necesariamente del carisma[88].

El carisma, por otra parte, según algunos, puede pedirse a Dios[89]. Y parece ser lo que indica San Agustín, cuando exclama en sus *Confesiones*: "¿Mandas la continencia? Da lo que mandas y manda lo que quieras (*da quod iubes, et iube quod vis*)"[90].

El celibato como carisma no excluye la lucha ascética, ni las tentaciones fuertes contra la castidad. Todo lo contrario, supone un compromiso de lucha por la santificación personal. Lo propio del carisma del celibato, a diferencia de la castidad como virtud y de la continencia, es que conlleva *la búsqueda de la castidad perfecta por sí misma*, como amor total de Dios

---

[87] "No hay tampoco que considerar como contradictoria la inclinación del joven al matrimonio o a la familia, incluso el que le resulte dolorosa la renuncia. El sacrificio puede hacerse sentir por toda la vida y, sin embargo, no constituye prejuicio para el estado virginal, si la exclusividad de la dedicación a Dios se vive con pleno consentimiento. El celibato es una invitación de Dios, que puede costar incluso el sacrificio de una fuerte propensión al matrimonio" (Congregación para la Educación Católica, *Orientaciones...*, n. 48).

[88] La *facilidad*, aunque no sea lo principal del hábito (que es la capacidad de elegir lo propuesto por el juicio prudencial), es una consecuencia propia de los hábitos morales adquiridos. Por eso es mencionada en algunas definiciones: "la virtud concede el hacer fácil, pronta y deleitablemente los actos propios de ella".

[89] "Según San Pablo, este carisma, precisa May, está abierto a todos, y todos pueden obtenerlo; por lo demás, el celibato puede observarse también sin un carisma especial, y todo hombre en ciertas circunstancias debe observarlo" (Fabro, Cornelio, *La aventura de la teología progresista*, 289).

[90] San Agustín, *Confesiones*, X, 29.

y entrega a Él, a su Iglesia y al bien de los demás (la extensión del Reino de Dios); esto implica también que trae numerosas gracias conexas, como todo lo que viene de Dios.

Los que aspiran al sacerdocio en la Iglesia de rito latino sin tener una aspiración positiva a la castidad perfecta, deberían desistir de su deseo, pues al ligar, la Iglesia, ambas realidades, se debe entender que la vocación al sacerdocio sin el deseo (explícito o implícito) de darle el corazón de modo exclusivo (virginidad) no es auténtica. Si no se quiere la castidad, no se tiene vocación sacerdotal. De todos modos, quienes han querido y obtenido la ordenación sacerdotal sin sentir la vocación a la castidad perfecta, quedan igualmente obligados a guardarla. Como dice san Ignacio para estos casos, si la elección no ha sido "debida y ordenada", "arrepintiéndose procure hacer buena vida [*o sea, vivir bien*] en su elección"; pero de todos modos la "elección [es] inmutable, que ya una vez se ha hecho elección, no hay más que elegir, porque no se puede desatar"[91]. En definitiva, la Iglesia no pide en estos casos más de cuanto pide a cualquier otra persona: "Tienen el deber de observar la castidad perfecta los millones de hombres que, a pesar de su gran deseo, no llegan al matrimonio, aunque para esta renuncia no dispongan de ningún carisma. El deber de la completa abstinencia sexual vale para cuantos, por motivo de defectos físicos, no pueden aspirar al matrimonio, y esto aunque no tengan el carisma del celibato. Deben observar la completa abstinencia sexual los millones de viudos y viudas, de abandonados y separados, cuyo gozo del matrimonio ha sido

---

[91] "En la elección inmutable, que ya una vez se ha hecho elección, no hay más que elegir, porque no se puede desatar, así como es matrimonio, sacerdocio, etc. Sólo es de mirar que si no ha hecho elección debida y ordenadamente, sin afecciones desordenadas, arrepintiéndose procure hacer buena vida en su elección; la cual elección no parece que sea vocación divina, por ser elección desordenada y oblicua, como muchos en esto yerran haciendo de oblicua o de mala elección vocación divina; porque toda vocación divina es siempre pura y limpia, sin mixtión de carne ni de otra afección alguna desordenada" (San Ignacio, *Ejercicios Espirituales*, n. 172).

interrumpido. El deber de la completa abstinencia sexual vale también para los hombres casados cuya mujer esté enferma o que no quieren traer al mundo otros hijos cuando no quieren proceder con el método de la abstinencia periódica. Este deber vale, en fin, para todos los prisioneros de guerra o civiles, durante el tiempo que deben vivir separados de sus mujeres: ninguno de ellos afirma sentir un carisma"[92].

Frente a tantos casos como estos, el que ha accedido al sacerdocio sin sentir una llamada particular a la castidad perfecta, no está en inferioridad de condiciones sino que cuenta con más medios para vivir su celibato aun cuando careciera del carisma: "La ley del celibato de la Iglesia (...) abarca un porcentaje muy restringido de hombres escogidos, cultos y dotados. Tienen a su disposición auxilios naturales y sobrenaturales. Han sido preguntados, y han contestado con un sí. La renuncia al amor sexual no es el sacrificio más duro que se le puede pedir a un hombre. Al médico y al policía se les exige que empeñen en el servicio de su misión no solo sus fuerzas, sino también, en caso de necesidad, la salud y la vida. Sí, de

---

[92] Fabro, Cornelio, *La aventura de la teología progresista*, 290. A pesar de lo que dicen algunos progresistas, cada vez con más fuerza, como el jesuita James Martin, quien es noticia en el momento en que reviso estas notas por afirmar explícitamente que las personas homosexuales, transgénero, travestis, lesbianas, etc., "no están obligadas a la castidad" porque una enseñanza moral no es obligatoria mientras no sea aceptada por todo el pueblo fiel, y esta no lo habría sido hasta el momento. Pueden oírse sus palabras en la entrevista que se encuentra en: https://www.youtube.com/watch?v=wfbYRJN-jWE&feature=youtu.be (última entrada: 30/09/2017). Algunos pastores de la Iglesia han refutado con fuerza sus afirmaciones erróneas, incluso pidiendo para él sanciones, como mons. Ignacio Munilla, obispo de San Sebastián (http://infocatolica.com/?t=noticia&cod=30546). Pero hasta el momento no ha recibido ninguna amonestación pública de la Santa Sede, donde el referido religioso es consultor. El libro de Martin, *Building a Bridge: How the Catholic Church and the LGBT Community Can Enter into a Relationship of Respect, Compassion, and Sensitivity* (*Construyendo un puente: Cómo la Iglesia Católica y la comunidad LGBT pueden entrar en una relación de respeto, compasión y sensibilidad*), en el que critica la doctrina y la pastoral de la Iglesia Católica respecto de la comunidad LGBTI, ha sido refutado por diversos teólogos y pastores, como el arzobispo de Filadelfia, entre muchos otros.

todo hombre sano y, como se ha visto en la Segunda Guerra Mundial, también de muchas mujeres, se espera que estén prontos a defender su patria, incluso poniendo en peligro su propia vida. Estas exigencias no vienen de leyes humanas, sino, en última instancia, de preceptos divinos. Frente a semejante deber de heroísmo, solo pensar en rebajar las exigencias del sacerdocio católico es verdaderamente vergonzoso. Sería un asunto despreciable"[93].

---

[93] Fabro, Cornelio, *La aventura de la teología progresista*, 290-291.

SEGUNDA PARTE

DIMENSIÓN PEDAGÓGICA DEL CELIBATO

I

Celibato y madurez afectiva

> *Una vez obtenida la certeza moral de que la madurez del candidato ofrece suficientes garantías, estará él en situación de poder asumir la grave y suave obligación de la castidad sacerdotal, como donación total de sí al Señor y a su Iglesia (*Pablo VI, *Sacerdotalis coelibatus, 72).*

> *El fin de la formación seminarística es el de preparar un hombre maduro, responsable, un sacerdote perfecto y fiel (*Congregación para la Educación Católica, *Orientaciones..., n. 16).*

El trabajo en el celibato es un aspecto de la labor mucho más amplia para lograr la maduración afectiva de la persona[94].

1. Aproximaciones semánticas

El adjetivo "maduro" se vincula a la raíz indoeuropea "*ma*", que significa "bueno" o "en su momento oportuno". De ahí se forma el latín "*maturus*", que indica lo que ha alcanzado el desarrollo esperado, maduro, en sazón, también lo que se produce pronto o a tiempo. De ella se derivan asimismo las palabras "*mane*" (mañana, por la mañana temprano; y de ahí madrugar y prematuro), la diosa *Matuta* o la *mater Matuta*,

---

[94] "El problema específico del celibato sacerdotal está comprendido en el fundamental de la madurez afectiva del aspirante [al sacerdocio]" (Congregación para la Educación Católica, *Orientaciones...*, n. 18).

que era para los romanos una diosa de la mañana o de la aurora a la que se daba culto. Todo esto muestra que la idea que subyacía originalmente tras el adjetivo "maduro", *maturum*, era "el que se levanta temprano y está listo y preparado para ejecutar algo", pasando luego a significar "lo que está a punto", "lo que ha llegado a sazón", "a su punto perfecto".

Referidas al ser humano, estas expresiones admiten dos aplicaciones principales. Ante todo, la *física* o *biológica*, que alude al pleno desarrollo de las potenciales físicas de la persona. La madurez física designa un período de tiempo en la vida de una persona, en la que su cuerpo ha alcanzado el ápice de su desarrollo y de sus capacidades vitales, su vigor y su potencialidad de engendrar a su vez la vida. Antes de ese período la vida física se considera "adolescente", es decir que está en crecimiento (el latín *adolescere* significa "crecer"); y después de él, el cuerpo entra en su etapa de debilitamiento, el camino hacia la vejez. Este proceso no cae bajo el dominio de la voluntad, como es obvio, pues nadie puede acelerar su crecimiento biológico, ni menos aún, detenerlo en un punto determinado. El secreto de la juventud o de la perpetua madurez (plenitud física) solo es objeto de mitos.

En cambio, la madurez *personal*, como su nombre indica, se predica de toda la persona, y no solo de su capacidad física. Más aún, ambas pueden separarse. Así tenemos personas que son físicamente maduras, pero personalmente inmaduras; y personas que son físicamente inmaduras (por su corta edad o por patologías físicas) pero maduras psicológicamente. Aquí nos interesamos por esta última porque puede y debe trabajarse, a riesgo de no ser alcanzada en la vida.

2. Aproximación descriptiva

Cuando hablamos de madurez personal o psicológica, resaltamos principalmente "los términos de dirección, finalidad, integración, capacidad de emitir conductas ajustadas a las circunstancias, continuidad en el sentido de la trayectoria biográfica y estabilidad personal"[95]. Me parece una buena descripción la que ofrece el siguiente párrafo magisterial: "La madurez es una realidad compleja y no es fácil circunscribirla completamente. Se ha convenido, sin embargo, en considerar maduro, en general, al hombre que ha realizado su vocación de hombre; con otras palabras: (1) al hombre que ha conseguido la suficiente capacidad habitual para obrar libremente; (2) que ha integrado sus bien desarrolladas capacidades humanas en hábitos virtuosos; (3) que ha conseguido un fácil y habitual autocontrol emotivo, con la integración de las fuerzas emotivas que deben estar al servicio de una conducta racional; (4) que prefiere vivir comunitariamente porque quiere hacer partícipes a los demás de su donación; (5) que se compromete en un servicio profesional con estabilidad y serenidad; (6) que demuestra saber comportarse según la autonomía de la conciencia personal; (7) que posee la libertad de explorar, investigar y elaborar una experiencia, es decir, transformar los acontecimientos para que resulten fructíferos en el futuro; (8) al hombre que ha logrado llevar al debido nivel de desarrollo todas sus potencias y posibilidades específicamente humanas"[96].

Explicitemos brevemente estos puntos.

1º Ante todo, se requiere un grado suficiente de ejercicio habitual de la libertad. No se habla aquí de perfección sino de "suficiencia", porque la madurez es un concepto dinámico, susceptible siempre de ulteriores desarrollos. No se puede esperar de un joven de 20 años manifestaciones maduras propias de un hombre de 40 o de 50 años. Pero sí puede y debe esperarse de él una madurez "suficiente" como para que sus

---

[95] Polaino-Lorente, *La así llamada "madurez de la personalidad*; en: Polaino-Lorente (dir.), *Fundamentos de psicología de la personalidad*, Rialp, Madrid (2007), 545.
[96] Congregación para la Educación Católica, *Orientaciones...*, n. 18.

actos sean realmente ponderados y libres, es decir, motivados por serias razones y capaz de compromisos firmes.

2º La integración de sus capacidades humanas en hábitos virtuosos. Dicho de otro modo, no basta con tener capacidad de ser bueno, sino que hay que cultivar la virtud, el hábito arraigado. La virtud es el modo normal del ser humano, y la presencia de virtudes, especialmente del ejercicio de la prudencia y de las virtudes morales, señala una línea básica de madurez. Un hombre sin virtudes no es un hombre maduro, lo que no quiere decir que no sea capaz de tomar decisiones puntuales y de quedar atado por ellas; lo que sí indicará es que probablemente las lleve a los tumbos o con dificultad. No debemos perder de vista que *madura* no es la persona que acierta en decisiones parciales de su vida (negocios, trabajos, relaciones sociales aisladas) sino, ante todo, el que acierta respecto del fin último de su vida. Por eso, "Gregorius sapientiam contra stultitiam ponit; quae importat errorem circa finem intentum", dice santo Tomás ("la estulticia comporta el errar en el fin intentado")[97]. Esto vale máximamente para el fin último del hombre.

3º Fácil y habitual autocontrol emotivo e integración de las fuerzas emotivas al servicio de la conducta racional. La integración de la esfera afectiva en toda la persona y el gobierno de la afectividad por parte de la razón exigen fundamentalmente la presencia de la virtud de la prudencia, perfeccionadora de la razón, y de las virtudes de la fortaleza y de la templanza en el apetito sensible. Un poco más adelante, dice el documento ya citado: "Una personalidad bien integrada sabe hacer prevalecer la naturaleza racional del hombre sobre la naturaleza impulsiva; al contrario, cuanto menos integrada esté una persona, tanto mayor será la fuerza impulsiva que predomine sobre la fuerza racional. Por esto una educación que quiera favorecer en el educando el desarrollo íntegro de

---

[97] Santo Tomás, *In III Sent.*, d. 35 q. 2 a. 1 qc. 3 co.

la personalidad debe hacerle adquirir ante todo la capacidad de equilibrio emocional"[98]. "Lo que debe ser controlado es el continuo cambio que se realiza en cada persona y que toma la forma de deseos, impulsos, pensamientos y hábitos. En este sentido, autocontrol significa autodisciplina, es decir, ordenar la actividad mental y la conducta de manera que proporcione alegría, felicidad y bienestar al sujeto"[99]. Por eso no debe extrañarnos que "los excesivamente sentimentales, melancólicos o retraídos, difícilmente [puedan] vivir con equilibrio la consagración a Dios en el celibato": "un temperamento excesivamente afectuoso, fácil a simpatías y aficiones morbosas, no es muy apto para la vida célibe"[100].

4º Inclinación a la vida comunitaria. Es una exigencia de la dimensión social de la persona y de la necesidad de la amistad verdadera y sincera para el desarrollo de la vida casta. Más adelante diremos algo sobre la necesidad de la amistad y de la vida fraterna en común. Esto no quita lo propio de la vocación contemplativa y eremítica, llamados estos muy específicos pero que no se oponen a la inclinación a la amistad. El solitario maduro es aquel que renuncia a la vida común por un motivo sobrenatural y no quien huye de los demás por incapacidad de convivir con ellos. Santo Tomás define al hombre como "animal sociale et politicum": animal social y político[101]; y afirma: "Si hubiese un hombre que no fuese civil por su naturaleza, este sería o un vicioso en quien se da una cierta corrupción de la naturaleza humana; o alguien mejor que un

---

[98] Congregación para la Educación Católica, *Orientaciones...*, n. 20.
[99] Congregación para la Educación Católica, *Orientaciones...*, n. 23.
[100] Monge, Miguel, *La formación de las vocaciones al celibato*, 48, nota. El segundo texto pertenece a: Congregación para la Educación Católica, *Orientaciones...*, n. 51.
[101] Por ejemplo: Santo Tomás, *De reg. princ.*, I, 1; *In Pol.*, 1,1, Nº 37 (el hombre es naturalmente un animal doméstico y civil: animal domesticum et civile); ibid, 3,5, Nº 387 (homo est naturaliter animal civile); *In Eth.*, 1,1; 8,12; *CG* III, 85,117, 125, 128, 130, 134, 136; *S.Th.*, I-II, 95,5; II-II, 129,6; III,65,1.

hombre, en el sentido de que tiene una naturaleza más perfecta que la de los otros hombres de modo tal que puede bastarse a sí mismo sin la sociedad de los demás, como Juan Bautista y San Antonio ermitaño. En este sentido aduce Aristóteles el dicho de Homero que maldecía a cierto personaje que no era social por su perversidad. De este dice que no tenía tribu porque no podía relacionarse con ningún vínculo de amistad; no tenía ley porque no podía ser contenido por el yugo de ninguna norma; y era un loco, porque no se regía por ninguna regla racional. Quien es tal por naturaleza, también es deseoso de guerra, peleador y sin regla. Al modo de las aves que cuando no son sociales son rapaces"[102]. Y asimismo: "el hombre no puede vivir solitario sino en dos casos. Ante todo cuando no soporta la sociedad humana a causa de su propia crueldad, lo cual es bestial. En segundo lugar cuando no vive en sociedad porque está totalmente unido a las cosas divinas, lo cual excede lo humano. Por eso el filósofo dice en el libro I de la Política que aquél que no se relaciona con los demás o es un animal o es Dios, es decir un hombre divino"[103].

5º La responsabilidad de sus propios deberes profesionales. La estabilidad y la capacidad para el cumplimiento de los propios deberes es otro elemento clave que revela el grado de madurez de una persona. La inestabilidad, irresponsabilidad, informalidad y falta de cumplimiento, son indicadores de una personalidad todavía inmadura. Es claro que en la etapa formativa hay que dar tiempo para que se logre esta capacidad de hacerse responsables de los propios actos y de los encargos que se reciben, pero ha de suponerse que el paso de los años, en el transcurso formativo, debe manifestarse como un crecimiento en esta responsabilidad. De no ser así, habría

---

[102] Santo Tomás, *In Polit.*, I, 1, n. 35.
[103] Santo Tomás, *S. Th.*, II-II, 188, 8 ad 5.

que cuestionarse la idoneidad de la persona para recibir el sacerdocio y para profesar el celibato, realidades que exigen, de suyo, una apreciable cuota de responsabilidad.

6º El guiarse por la propia conciencia. Una persona madura es una persona que debe ser capaz de guiarse con fidelidad a su propia conciencia, sin descargar sus responsabilidades en las conciencias de los demás o en las órdenes recibidas de otros (no digo que debe cuestionar tales órdenes —que incluso pueden caer bajo voto, como en el caso de los religiosos— sino que, al aceptarlas y ejecutarlas debe hacerse responsable de esos actos como propios; de ahí que exista un límite muy preciso para la obediencia: si el superior mandase algo que fuera claramente pecaminoso[104]). La educación de la conciencia es un trabajo no menor en la propia educación, porque la conciencia recta es la norma próxima del obrar humano y el lugar donde cada uno escucha la voz de Dios[105].

7º Memoria reflexiva, que consiste en meditar y guardar las grandes lecciones que nos han dejado nuestros aciertos y yerros pasados (e incluso los de otros, pues a menudo conviene "escarmentar en cabeza ajena"); no hay otro modo de evitar tropezar dos veces con la misma piedra. En esta memoria tiene origen la experiencia humana, en cuya elaboración,

---

[104] Respecto del caso preciso de la obediencia religiosa es célebre la lúcida expresión de san Maximiliano Kolbe: "La obediencia, y sólo la santa obediencia, nos manifiesta con certeza la voluntad de Dios. Los superiores pueden equivocarse, pero nosotros obedeciendo no nos equivocamos nunca. Se da una excepción: cuando el superior manda algo que, con toda claridad y sin ninguna duda, es pecado, aunque éste sea insignificante; porque, en este caso, el superior no sería el representante de Dios" (*Gli scritti di Massimiliano Kolbe eroe di Oswiecim e beato della Chiesa*, vol. I, Città di Vita, Florencia [1975], 44-46).

[105] "En lo más profundo de su conciencia descubre el hombre la existencia de una ley que él no se dicta a sí mismo, pero a la cual debe obedecer, y cuya voz resuena, cuando es necesario, en los oídos de su corazón, advirtiéndole que debe amar y practicar el bien y que debe evitar el mal: haz esto, evita aquello. Porque el hombre tiene una ley escrita por Dios en su corazón, en cuya obediencia consiste la dignidad humana y por la cual será juzgado personalmente" (*Gaudium et spes*, 16. Cf. Catecismo de la Iglesia Católica, 1954).

como dice el texto que comentamos, radica la posibilidad de transformar en fructíferos los acontecimientos futuros. Porque esta reflexión memoriosa, *más que el mero hecho material*, retiene la *lección* que este enseña.

8º Finalmente, el llevar al debido nivel de desarrollo todas las potencias y posibilidades específicamente humanas. No dice "al máximo nivel posible", sino al "debido nivel", que será el que corresponda a la edad y situación concreta de cada persona. El indicador de la madurez no es en este caso una medida puramente objetiva, es decir, un determinado nivel de desarrollo de las potencias (inteligencia, voluntad, dones particulares, etc.). Se trata más bien de algo subjetivo, es decir: si la persona pone todo cuanto está de su parte para desarrollar los talentos que ha recibido de Dios o más bien, como en la parábola de los talentos, los entierra por temor o negligencia. La madurez se manifiesta, en este caso, por el esfuerzo en fructificar los propios dones, tengan estos la capacidad de desarrollo que sea. De hecho podemos considerar más madura a una persona que, teniendo cinco talentos, los ha convertido en otros cinco, que quien, habiendo recibido diez, los ha dejado entumecer por pereza.

3. Esencia de la madurez

Más adelante, el mismo documento del que hemos tomado el párrafo recién comentado, añade una expresión que condensa magníficamente la esencia de la madurez: "lo que hace que un hombre esté verdaderamente formado es el querer libre, consciente y responsablemente el bien, con toda su personalidad psicológica y espiritual"[106].

Observemos que en este importante pasaje se caracteriza la madurez del querer con cinco notas que giran en torno al concepto de bien y al modo de tender hacia él:

---

[106] Congregación para la Educación Católica, *Orientaciones...*, n. 19.

1º "Querer conscientemente el bien": implica la capacidad de entender el bien, de discernirlo, de distinguir el bien esencial y humano de todo lo que es accidental; lo permanente de lo transitorio. Para que nuestro querer sea consciente del bien, es necesario que seamos capaces de captar "la verdad del bien", el aspecto verdadero que hay en el bien ("en cuanto que el intelecto aprehende la verdad y lo que en ella se contiene, el bien es cierta verdad, y así el bien está bajo la verdad; pero en cuanto que la voluntad mueve, así la verdad está bajo el bien"[107]). Por eso la madurez intelectual es una dimensión esencial de la madurez humana. Debemos ser capaces de captar cuál es el bien real y distinguirlo del aparente.

2º "Querer libremente el bien": entraña la elección del bien. El hombre maduro no hace el bien porque está mandado, o evita el mal porque está prohibido. Hace el bien y evita el mal, pero no por las razones de mandado-prohibido, porque si así fuera, faltaría el motivo fundamental del querer auténticamente libre que es el amor respecto al bien y el rechazo (odio) en el caso del mal. Cierto que la educación de la persona comienza por la aceptación del mandato, pero solo se educa formalmente cuando se logra la compenetración con el bien, de tal modo que la aceptación —apoyada inicialmente en motivos secundarios— pasa a ser enamoramiento del bien por sí mismo. "El hombre que hace el bien porque está man-dado o evita el mal porque está prohibido, no es libre", dice santo Tomás[108]. Un esclavo puede hacer el bien; pero actúa como esclavo cuando el bien que él hace no nace de su propio querer y amor, sino de la voluntad de su amo. "Liber es causa sui", dice el mismo Aquinate[109]. Es decir, quien obra por propia convicción. La madurez es, pues, madurez de la voluntad.

---

[107] Santo Tomás, *Ad Hebr.*, c. XI, l. 1; nº 554.
[108] Cf. Santo Tomás, *Ad II Cor.*, III, III, nº 112.
[109] "El libre albedrío es causa de su propio movimiento, porque el hombre por el libre albedrío se mueve a sí mismo a obrar" (*Liberum arbitrium est causa sui*

3º "Querer responsablemente el bien", añade un aspecto al amor del bien: la identificación con él. *Responsabilidad* viene de dos verbos latinos: de "res *ponderare*", pesar [considerar el peso, valorar] las cosas; y de "*respondere*", responder. Para que una persona acepte responder ante Dios, ante la sociedad y ante la historia por una realidad (por una persona, por una causa, por una idea), es necesario que la haga suya. En el Génesis leemos el diálogo: "Yahveh dijo a Caín: «¿Dónde está tu hermano Abel? Contestó: «No sé. ¿Soy yo acaso el guarda de mi hermano?»" (Gén 4,9). Caín se distancia de Abel; no responde por su vida. El sacerdote que deja su ministerio se distancia de todos los que dependían de él (de su labor pastoral, de su oración, del ejemplo de su perseverancia); los esposos que se separan, la mayoría de las veces, se distancian del daño que sus actos acarrearán a su cónyuge, a sus hijos, a la sociedad toda. El mártir, en cambio, se identifica con su causa, y persevera hasta dar la vida; el soldado heroico se identifica con su patria y se mantiene firme incluso cuando todo parece desesperado; el que está enamorado de una persona o de una causa, no toma distancia, porque uno no puede tomar distancia de sí mismo, y así como no se abandona a sí mismo, no abandona aquello que ve como parte de sí mismo. Es el ejemplo que nos da Jesús al detener a Pedro que está a punto de entorpecer *su misión* evitándole la cruz: "Vuelve la espada a la vaina. La copa que me ha dado el Padre, ¿no la voy a beber?" (Jn 18,11). Eso implica hacer el bien responsablemente. Esto implica la madurez en el amor, y la madurez religiosa, porque detrás de este amor al bien hay una percepción de la sacralidad del bien. Al ser fiel al bien, somos fieles a Dios, "de quien desciende todo bien", como dice el Apóstol Santiago (cf. St 1,17).

---

motus: quia homo per liberum arbitrium seipsum movet ad agendum: Santo Tomás, *S.Th.*, I, 83, 1 ad 3).

4º "Con toda la personalidad psicológica", implica la esfera afectiva. No es un querer puramente volitivo. Implica el plano pasional. El bien hay que desearlo apasionadamente, lo que implica también la esfera afectiva, ordenada y subordinada. Por eso, se supone el trabajo en la madurez de esta dimensión.

5º "Con toda la personalidad... espiritual". Finalmente, es un querer, y el querer es acto de la voluntad. Pero espiritual no significa aquí solo la facultad de la voluntad, sino que indica la vida espiritual sobrenatural. Lo sobrenatural no se relaciona con nuestra naturaleza de modo contradictorio: no es anti o contranatural. Lo sobrenatural es, por ordenación divina, nuestro único fin. Y por eso, una personalidad no desarrollada en su dimensión sobrenatural es una personalidad incompleta, mochada, o incluso deformada (porque no existe ningún estado "puramente natural": la alternativa a la vida sobrenatural es el pecado, y el pecado es deformidad[110]).

Esta madurez "debe ser alcanzada en todos sus aspectos, comprendido naturalmente y sobre todo el afectivo. El papel de la afectividad, en efecto está considerado como elemento fundamental en la formación de la personalidad, porque concurre de forma especial a su integración, explicando

---

[110] No debemos perder nunca de vista esta verdad de la antropología teológica de notables consecuencias pedagógicas. El hombre fue "constituido" en gracia, dice el Concilio de Trento para evitar la polémica de si fue *creado* en estado de gracia, o *inmediatamente elevado* a tal estado (cf. *DS* 1510). Esto implica que, desde el primer momento, poseyó el estado de gracia ("status naturae integrae"), esto es, la divinización participada. Al pecar, no *vuelve* al estado natural (el concepto de *naturaleza pura* es una abstracción de los teólogos del siglo XVI) sino que cae en un estado de naturaleza caída o herida ("status naturae lapsae"). El hombre *sin la gracia*, no es, pues, un hombre *natural*, sino un hombre de algún modo *subnatural*: naturaleza lesionada, con todos los límites e incapacidades que esto supone. A esta doctrina se opone el naturalismo y el pelagianismo, considerando el estado del hombre sin la gracia como un estado *natural y sano*; y las enseñanzas de los reformadores protestantes que lo consideran un estado de naturaleza completamente corrompida.

la relación afectiva y sexual con los demás, realizándose responsablemente en un trabajo o en una profesión, cultivando relaciones sociales amistosas. Puesto que la afectividad está considerada como una dimensión fundamental de la persona, la madurez afectiva se puede considerar como requisito indispensable para el *optimum* del funcionamiento de la personalidad"[111]. Y esto exige, a su vez, la madurez sexual, que implica, como diremos más adelante, una integración de la sexualidad en toda la personalidad, es decir, la sujeción de esta esfera al gobierno de la razón, la capacidad de oblación de sí mismo, la superación del egoísmo y la clara identificación sexual de sí mismo.

La madurez afectiva del sacerdote se pone de manifiesto precisamente en la capacidad de elegir libremente su celibato, con la conciencia de que, por medio de esta entrega, puede ser por completo un hombre de Dios. El motivo supremo del celibato es la pertenencia plena a Dios, y por este motivo, el celibato es madurador de la personalidad.

De lo dicho se desprende que un enemigo fundamental de la madurez es la superficialidad; consecuentemente esta deberá considerarse como un obstáculo para el celibato, al menos de modo indirecto y demandará, de parte de quien aspire a entregarse totalmente a Dios, combatirla con todas sus fuerzas[112].

---

[111] Congregación para la Educación Católica, *Orientaciones...*, n. 20.
[112] Al respecto puede verse: Fuentes, Miguel, *La superficialidad*, Virtus 15, San Rafael (2011).

II

El celibato y el equilibrio psicológico

> *Hay también quien insiste en la afirmación según la cual el sacerdote, en virtud de su celibato, se encuentra en una situación física y psicológica antinatural, dañosa al equilibrio y a la maduración de su personalidad humana* (Pablo VI, *Sacerdotalis coelibatus*, 10).

El eminente médico francés Paul Chauchard señalaba que el celibato no es necesariamente equilibrado y feliz por el hecho de estar consagrado para una misión externa; es necesaria una consagración del celibato mismo[113]. Por otra parte, propiamente hablando el *celibato* como abstracción no existe; existen las *personas célibes*. Por tanto, todo depende de cómo vive y concibe cada uno su celibato. De todos modos, hay un principio fundamental, y es que "no se puede alcanzar el pleno desarrollo personal en el celibato a no ser que exista un convencimiento de que el celibato tiene potencia para realizar plenamente a la persona y que se conozcan y practiquen las condiciones que lo hacen capaz de lograr este pleno desarrollo". De ahí que el gran ataque al celibato venga menos de las tentaciones contra la castidad —que a nadie faltan, en cualquier estado de vida— que de los ideólogos que lo presentan como factor de despersonalización, o como insuficiente para la plena madurez humana, así como de los sofismas que el mismo célibe acepta sin censurar.

---

[113] Chauchard, Paul, *Celibato y equilibrio psicológico*, en: Coppens, *Sacerdocio y celibato*, 499-518.

No debemos olvidar que el equilibrio humano es una realidad compleja y dinámica. Los seres humanos no se dividen en equilibrados y desequilibrados, sino en muchas categorías: hay personas equilibradas por naturaleza, otras que tienen solo un equilibrio aparente; también encontramos personas desequilibradas que no hacen nada por lograr su equilibrio (quizá porque es muy profundo y ni siquiera son conscientes de su problema) y, finalmente, hay quienes, teniendo un cierto desequilibrio —o una fuerte tendencia a la inestabilidad anímica—, luchan por recuperar o lograr la cordura. Estas últimas a menudo consiguen un relativo equilibrio, no exento de altibajos, avances y retrocesos, pero *suficiente para llevar adelante su vocación, sea esta la vida matrimonial o el estado célibe.*

En toda vida humana pueden introducirse de pronto factores desequilibrantes. La tentación más nociva proviene del esperar del exterior el retorno del equilibrio, cuando somos nosotros los que, en tal caso, debemos cambiar, no mudando de escenario (el casado separándose de su cónyuge o el célibe buscando el matrimonio) sino viviendo mejor la propia situación.

Para ser exactos, el celibato no desequilibra más de cuanto lo hace el matrimonio. Es probable, incluso, que las estadísticas favorezcan al celibato, pues la proporción de matrimonios en crisis (más aun si sumamos a quienes viven "al modo matrimonial" sin estar casados) es, quizá más grande que la de célibes en crisis[114]. Sobre todo si tenemos en cuenta que aquí hablamos del celibato elegido y no del celibato negativo (quienes son célibes por resultarles poco menos que imposible contraer matrimonio).

---

[114] Es lógico que hablo de "proporciones" y no de números absolutos. No tiene sentido comparar los números absolutos, ya que es evidente que la cantidad de casados en crisis es inmensamente mayor que la de célibes problematizados por el simple hecho de ser significativamente más numerosos.

"Al imaginarnos un celibato desequilibrante, dice Chauchard, lo hacemos desequilibrante; por el contrario, creer en la posibilidad de un celibato equilibrado contribuye a equilibrarlo en una perspectiva que no es falsa si se hace lo necesario para hacerlo equilibrante, lo que exige creer que esto es posible". En otras palabras, es fundamental el concepto que tengamos del celibato. Sigue diciendo más adelante: "El deber fundamental es, por lo tanto, luchar contra el prejuicio de un celibato desequilibrante que impide vivirlo de una manera equilibrada y comprender que no hay célibes equilibrados sin esfuerzo, sino que, para ser equilibrados en y por el celibato, el célibe debe ejercitarse con la práctica en equilibrar su celibato, y esto durante toda su vida. El que está desequilibrado a causa del celibato, no tiene que empezar por abandonar el celibato, sino trabajar para equilibrarse en el celibato".

Y para esto la primera medida es renunciar a una definición negativa del celibato como la que expresa la fórmula: "estado de una persona que no está casada". Esta, estrictamente hablando, no dice nada, puesto que no están casados ni los célibes propiamente dichos, ni los niños, ni los discapacitados, ni los impotentes, ni los novios que todavía se preparan al matrimonio, ni los que quieren pero no consiguen pretendientes. Situaciones todas distintas e imposibles de acomunar salvo por el hecho meramente negativo de la ausencia de vínculo matrimonial. Esto es tan preciso como decir que un orangután se parece a un ramo de rosas porque los dos son irracionales.

El celibato, para ser equilibrante, debe ser visto como una expresión del amor. El célibe renuncia a ser esposo, no a ser viril; a ser padre físico, no a ser paternal ni a ser padre espiritual. Y algo análogo vale para la mujer. Si el célibe no entiende su vocación a la paternidad o maternidad espiritual y a un modo especialísimo de virilidad o feminidad, entonces puede entrar en crisis. Recordemos una vez más que el celibato es una vocación de amor; solo se denomina celibato a la mera soltería por un abuso semántico, pero no se equipara con la verdadera virginidad o castidad perfecta. Si se piensa que por el solo hecho de decidir no casarse se es célibe, se cae en un engaño garrafal. De personas así decía Péguy: "como no son de un hombre, creen que son de Dios; como no aman a nadie, creen que aman a Dios".

Para no formarse un concepto falso sobre la relación entre celibato y equilibrio psíquico, hay que empezar por dejar de considerar como célibes en sentido estricto a quienes se ven obligados a la continencia a causa de una perturbación psíquica previa; estos no eligen el celibato sino que su estado psíquico les impide casarse. La elección no es plena; o bien no hay elección alguna sino que esto les cae en suerte por su situación psíquica, o bien se limitan a contentarse con un celibato contra el cual no manejan otras opciones (salvo el renunciar a toda lucha y dejarse caer en una vida afectiva y sexual desordenada y viciosa). El celibato solo es aceptable cuando uno puede contraer matrimonio y renuncia al mismo por un amor superior; no hace falta que se haya enamorado alguna vez y renuncie a ese amor; basta con que pueda hacerlo. Por este motivo se dice, y con mucha propiedad, que el verdadero célibe es alguien que podría ser un buen cónyuge; como un buen cónyuge es alguien que podría vivir el celibato si lo eligiera[115].

---

[115] Esto demuestra el gravísimo error de quienes piensan que su vocación es el matrimonio *porque no pueden vivir la continencia sexual o les resulta muy difícil*. Si la continencia les resulta problemática, lo que se sigue es que deben hacer un esfuerzo del todo especial para adquirir las virtudes necesarias para el autodominio. Porque la vida matrimonial también impone —o puede exigir— la continencia: la continencia periódica si deciden espaciar los nacimientos de los hijos por razones de peso; la continencia temporal si los cónyuges deben vivir alejados como ocurre a los soldados, a los presos, a los que viajan, a los que se distancian por razones de trabajo...; o por razones de salud física o psíquica. E incluso permanente como sucede con los que se han separado y no quieren volver a vivir juntos y los que han enviudado y no desean volver a casarse. Si se parte del falso principio de que la dificultad de la continencia es señal de vocación matrimonial (y esta se la entiende como vida sexual siempre activa),

Es evidente que hay personas *aparentemente sanas* que pueden terminar desarrollando un desequilibrio psíquico a causa del celibato. El error radica en recriminar la situación patológica al celibato en sí mismo en vez de referirlo al modo de vivirlo, o a los prejuicios que se tienen del mismo. El célibe no debe vivir como un mutilado; es necesaria una vida en que tenga lugar una entrega generosa y plena a un ideal, en la que haya un lugar muy importante para la vida fraterna y la amistad, y que tenga un trato sereno y prudente con el otro sexo.

"La clave del equilibrio del célibe con respecto a sí mismo y a los demás está en la comprensión del valor sexualmente positivo de la continencia al servicio del amor, aunque algunos prejuicios actuales consideren la continencia negativamente como una castración". Compartimos estas palabras de Chauchard, pero preferimos pensar en la virtud de la castidad y no tanto en la continencia, que es un auxiliar de la castidad, como decimos en otro lugar.

"El célibe solo puede ser equilibrado si no es un mutilado del amor, si renunciando a las relaciones genitales, pone su virilidad o feminidad plena y totalmente al servicio de los demás en un desarrollo de su sexualidad, superior al que el erotismo permite". Esto significa que el celibato debe ser preparado y educado, de lo contrario produce desequilibrios como ocurre, asimismo, con el matrimonio cuando no se prepara a los cónyuges para las renuncias que la mutua entrega exigirá. "La preparación para el celibato es la preparación para ser un hombre normal, adulto y civilizado, es decir, capaz de controlar sus impulsos afectivos en sus relaciones con los

---

¿qué alternativa se plantea para los casos ape-nas mencionados? ¿El recurso a la prostitución, al adulterio, a la pornografía, a la lujuria solitaria, a la homosexualidad? De ahí que el *Catecismo de la Iglesia Católica* dice claramente: "La alternativa es clara: o el hombre controla sus pasiones y obtiene la paz, o se deja dominar por ellas y se hace desgraciado" (n. 2339). Y también: "Todo bautizado es llamado a la castidad (...) Todos los fieles de Cristo son llamados a una vida casta según su estado de vida particular" (n. 2348).

demás (...) El celibato equilibrado, igual que el matrimonio equilibrado, se basa en la formación del carácter, que, en lo esencial, se logra antes de los cinco años; de ahí la importancia del equilibrio familiar". Esta afirmación de Chauchard está corroborada ampliamente por el magisterio de la Iglesia[116].

Y más adelante añade: "Solo se puede ser célibe o casado si se es maduro. Esto es cierto, pero no se logra la madurez de manera espontánea: hay que madurar en un ambiente que lo permita. No solo hay que dejar madurar, hay que ayudar a madurar, enseñar a madurar, acelerar la maduración respetando los ritmos psicológicos. No hay que esperar con los brazos cruzados lo que no va a llegar: la espera solo es eficaz en la autoeducación progresiva del control".

En cuanto a los célibes con problemas afirma con gran sentido común: "Lo que necesita todo célibe con problema, si no es un gran neurótico, no es conocer su inconsciente ni disminuir sus impulsos por medio de medicamentos o psicoanálisis, sino aprender lo que nunca aprendió: a controlarlos de la manera psicofísica indirecta que ya hemos explicado". Se refiere al método de otro médico, el Dr. Roger Vittoz, de cuyas notas y enseñanzas dice que "deberían ser el breviario de toda autoeducación"[117]. La técnica propuesta por Vittoz, gran admirador de la pedagogía volitiva de san Ignacio de Loyola, ha sido popularizada por el P. Narciso Irala en dos escritos muy conocidos[118].

---

[116] Véase al respecto el valioso documento del Consejo Pontificio para la Familia, *Sexualidad humana: verdad y significado* (1995).

[117] Vittoz, Roger, *Traitement des psychonévroses par Controle Cérébral*, Baillière, Paris (1911); hay edición de 1981; y también una versión en italiano: *Trattamento dolce delle psiconevrosi*, Macro edizioni (2003).

[118] Cf. Irala, Narciso, *Control cerebral y emocional*, y *Eficiencia sin fatiga* (véase la referencia bibliográfica completa al final del libro). Su método se basa en ejercicios de entrenamiento comparables a los del niño en sus primeros meses, realizando actos de "sensaciones conscientes", tomas de conciencia del propio cuerpo, aprendizaje del control de la imaginación y ejercicios de concentración; de esta manera se devuelve a la persona agotada, ansiosa, obsesiva, dispersa... el sentido

III

Criterios para la madurez afectiva y sexual

> *Una vez obtenida la certeza moral de que la madurez del candidato ofrece suficientes garantías, estará él en situación de poder asumir la grave y suave obligación de la castidad sacerdotal, como donación total de sí al Señor y a su Iglesia* (Pablo VI, *Sacerdotalis coelibatus*, 72).

No todos los problemas en que aparece comprometido el celibato tienen origen en dificultades de la castidad. La esfera sexual es, a menudo, la caja de resonancia de muchos problemas que no tienen su origen en tensiones sexuales. Tales conflictos, especialmente si se manifiestan en forma de comportamientos autoeróticos, pueden ser indicios de otras dificultades afectivas como conductas autoagresivas, angustia, desesperanza, depresión y crisis espirituales (de vocación, de fe...). El desorden sexual puede ser una forma de evasión, de la misma manera que lo son otros tipos de conductas destructivas (alcoholismo, drogadicción, desórdenes en la alimentación, etc.). Cuando las personas "comienzan a sentirse frustradas en la vocación (...) sus frustraciones pueden buscar fácilmente una desembocadura en la esfera sexual"[119]. Como el celibato implica una entrega *total* a Dios, entonces las inconsistencias en cualquier área de la vida afectiva y/o espiritual, pueden repercutir en la dificultad para vivir el celibato,

---

de la realidad, se combaten las ideas parásitas que desgastan y empobrecen la vida psíquica y se puede moderar las obsesiones de la imaginación.

[119] Rulla-Imoda-Ridick, citado por Cencini, *Por amor, con amor, en el amor*, 190.

desembocando en la decisión del abandono del mismo, o en una permanencia puramente formal y deslucida. De este modo, los problemas en el celibato son, muchas veces, más una consecuencia de otros conflictos que una causa[120] (lo que no quiere decir que más tarde no se conviertan, a su vez, en causa de otros problemas). Entre otras cosas, esta es la razón por la cual "el matrimonio no ha resuelto, después de un período aparentemente positivo, los problemas del ex sacerdote"[121], al menos en muchísimos casos.

De modo complementario hay que añadir que existen conflictos de la esfera sexual que a veces se manifiestan a través de comportamientos que no son sexuales, como formas de manipulación, agresividad y tristeza profunda.

Sobre este punto voy a tomar como referencia dos observaciones de la Congregación para la Educación Católica, referidas, una, a la madurez afectiva y, otra, a la madurez sexual.

1. La madurez afectiva

El primer texto dice: "Una personalidad bien integrada sabe hacer prevalecer la naturaleza racional del hombre sobre la naturaleza impulsiva. (...) Íntimamente unido con el factor emocional está el problema de la adaptación que consiste en afrontar serenamente los propios problemas, adquirir responsabilidad de los mismos y elaborar soluciones para las dificultades presentadas"[122].

---

[120] Cf. Cencini, *Por amor, con amor, en el amor*, 190-193.

[121] Cencini, *Por amor, con amor, en el amor*, 85. Continúa el texto: "Según lo que aparece en una encuesta encargada por la Conferencia episcopal [norte]americana: en los matrimonios de los ex sacerdotes, después de un período inicial de buena adaptación y armonía, aparece durante largo tiempo *un índice de tensión conyugal doble que en los matrimonios comunes*, lo que parece demostrar que la tensión, disminuida con el abandono del sacerdocio, vuelve a presentarse en la nueva situación después de un tiempo de consuelo" (en nota: National Opinion Research Center, *American Priests*, Chicago 1971, 298).

[122] Congregación para la Educación Católica, *Orientaciones...*, n. 20.

El párrafo resalta dos criterios.

1º El primero es *el predominio de la racionalidad sobre la vida impulsiva*.

El texto sigue a continuación: "cuanto menos integrada esté una persona, tanto mayor será la fuerza impulsiva que predomine sobre la fuerza racional". El dominio de la vida afectiva por parte de la razón se produce a través de un doble canal: el de la *cuasi virtud* de la continencia, y el de la *virtud "stricte dicta" de la templanza*. Para comprender esta doctrina tengamos en cuenta que Aristóteles distinguía en la *Ética a Nicómaco* cuatro estados de las pasiones: la *sôfrosynê*, o perfecta templanza, que se caracteriza porque la pasión está totalmente enseñoreada por la razón; la *akolasía*, que es la razón totalmente dominada por la pasión; la *akrasía*, es decir, el estado en que la razón lucha pero termina por ser derrotada por la pasión; finalmente, la *enkráteia*, en el cual la razón lucha y prevalece. El primer estado es el de la virtud arraigada; el segundo el del vicio arraigado; el tercero y el cuarto corresponden a los estados que los éticos llaman de "incontinencia" y "continencia", en los cuales propiamente no hay ni virtud ni vicio (o sea, hábitos arraigados), y la voluntad debe hacerse cargo de dominar la afectividad "a fuerza de brazos", unas veces con éxito y otras no, dependiendo de la intensidad de las emociones y de la posibilidad de discurrir y prepararse para la lucha.

Como puede colegirse, en el orden del bien puede haber un señorío pleno o un dominio más precario. El primero corresponde a la virtud porque esta produce en la facultad afectiva una *inclinación intrínseca* hacia el bien que la perfecciona y, consecuentemente, un rechazo intrínseco del mal que la corrompe (sin exagerar, de todos modos, este rechazo, porque todos cargamos, hasta la muerte, con el *fomes peccati*[123]). El

---

[123] Nacemos con el pecado original, heredado de nuestros primeros padres. "El bautismo, dando la vida de la gracia de Cristo, borra el pecado original y devuelve

segundo corresponde a la continencia, que es la energía volitiva por la que la voluntad influye sobre el apetito desde fuera, como el jinete que maneja su caballo tirando con fuerza de las riendas. Este segundo caso es más precario, porque la energía que encauza el apetito sensible procede del exterior y depende, en parte, de que estén dadas ciertas condiciones para que la voluntad pueda obrar y no se verifiquen complicaciones. Estas pueden deberse a lo imprevisto de un movimiento pasional, o a la extraordinaria vehemencia que puede adquirir una pasión. En tales situaciones cada cual obra según el *hábito* que hay en él, y si no hay ningún hábito, entonces la pasión, como una creciente de montaña, arrastra cuanto encuentra a su paso. Dice Santo Tomás en un magnífico aporte a la psicología: "cuando tiene que actuar de improviso, el hombre obra de acuerdo con fines prefijados y con hábitos previamente adquiridos, según observa el Filósofo en el III libro de la *Ética*. Mediante la premeditación puede, sin duda, eludir en alguno de sus actos el condicionamiento de los fines preconcebidos y de las inclinaciones habituales. Pero, como no puede mantenerse siempre en estado de premeditación, es imposible que permanezca mucho tiempo sin obrar a impulsos de la voluntad insubordinada a Dios, a no ser que sea

---

el hombre a Dios, pero las consecuencias para la naturaleza, debilitada e inclinada al mal, persisten en el hombre y lo llaman al combate espiritual" (*Catecismo de la Iglesia católica*, n. 405). "En el bautizado permanecen ciertas consecuencias temporales del pecado, como los sufrimientos, la enfermedad, la muerte o las fragilidades inherentes a la vida como las debilidades de carácter, etc., así como una inclinación al pecado que la Tradición llama concupiscencia, o «fomes peccati»: «La concupiscencia [dice el concilio de Trento], dejada para el combate, no puede dañar a los que no la consienten y la resisten con coraje por la gracia de Jesucristo. Antes bien 'el que legítimamente luchare, será coronado' (2Tm 2,5)»" (*Catecismo de la Iglesia católica*, n. 1264). Este *fomes peccati*, o inclinación al pecado, es una inclinación a obrar al margen de lo que dictamina la razón.

prontamente reintegrada por la gracia a su debida subordinación"[124]. Y en otro lugar: "en las cosas repentinas el hombre no puede deliberar, por eso obra según las inclinaciones interiores que dependen de los hábitos [que posea]"[125].

De ahí que el predominio de la razón sobre la vida instintiva solo pueda garantizarse mediante la adquisición de la virtud positiva de la templanza (que supone, a su vez, la prudencia y la fortaleza), y no pueda confiarse a una mera continencia o a un refrenamiento circunstancial de parte de la voluntad. "Quien frecuentemente lucha por rechazar las tentaciones y evitar el pecado contra la castidad, aunque sea continente, no es del todo casto porque la virtud es perfecta cuando lleva hacia el objeto propio con prontitud, fácil y gozosamente. El objeto de la castidad no es la renuncia a ciertos placeres, sino un modo positivo de amar. El amor verdadero y la amistad fraterna son expresión de una vida casta. Si uno vive encerrado, de modo egoísta en sí mismo, muestra que su castidad es prevalentemente negativa"[126]. Por eso alguien puede ser continente sin ser casto. La castidad, en cambio, "nace del amor y se dirige a donarse; (...) no puede ser solo fruto del ejercicio represivo de la voluntad, sino integración de la emotividad y del afecto en un proyecto de donación personal. La «virtud» de la castidad cristiana, observa Plé, es una «capacidad de amar... que permite a una persona amar con todo su ser... y amar apasionadamente..., es el amor del amor»"[127].

---

[124] Santo Tomás, *S. Th.*, I-II, 109, 8. El Aquinate quiere destacar en este texto la necesidad de la ayuda divina a través de la gracia para superar este desarreglo habitual.

[125] "Nulla enim est tam vehemens inclinatio habitus vel passionis, cui ratio non possit resistere, dummodo remaneat homini rationis usus per quem se habet ad opposita; sed in repentinis homo non potest deliberare. Unde videtur operari ex interiori inclinatione, quae est secundum habitum" (In Eth, 3, 17, 9).

[126] Monge, Miguel, *La formación de las vocaciones al celibato*, 48.

[127] Cencini, *Por amor, con amor, en el amor*, 457.

De ahí que sea tan importante distinguir, como hemos hecho más arriba, entre el celibato negativo y el celibato positivo. El primero es el de quienes viven el celibato como una falta de plenitud o una represión del instinto sexual; es una vivencia obligada del celibato, como la que experimentan quienes por diversos motivos (enfermedad física o psíquica, o simplemente por no haber encontrado con quien casarse) no pueden encauzar su deseo conyugal. Este celibato es solo continencia. El positivo, en cambio, es el anhelo de entregar la vida afectiva a un ideal; no es una huida sino una donación: "Para que sea auténtico y verdadero testimonio de los valores religiosos, no debe ser nunca una negación o una huida, sino una sublimación de la sexualidad"[128]. Este celibato debe superar la mera continencia y constituirse propiamente como virtud de la castidad. El celibato eclesiástico pertenece a este segundo tipo, pero *puede ser vivido del primer modo* por quienes no lo entienden adecuadamente.

2º El segundo criterio es llamado por el documento *adaptación*, y consiste en el trabajo propiamente racional, garantizado por la presencia de la virtud moral de la templanza en la afectividad (Santo Tomás insiste en que no puede haber prudencia sin la co-presencia de las otras virtudes morales, ni virtudes morales sin la prudencia[129]). De hecho, quien tiene

---

[128] Congregación para la Educación Católica, *Orientaciones...*, n. 47.

[129] Una virtud moral no puede darse sin la previa existencia en el entendimiento de los hábitos de la sindéresis y de la prudencia: no puede ser casto si no está inclinado a la castidad o si no puede determinar el acto concreto con que ha de realizar su castidad. Porque el acto propio de las virtudes morales (la recta elección) postula la debida intención del fin y el recto uso de los medios. Para lo primero se supone el recto juicio de la sindéresis; para lo segundo, los actos intelectuales de consejo, juicio práctico e imperio, que son los tres actos de la prudencia (cf. *S.Th.*, I-II, 58, 4; *In Ethic.*, VI, 10, n. 1269). Por otra parte, la prudencia depende, además de la sindéresis, también de las demás virtudes morales, porque ella dirige la elección de los medios, pero para juzgar rectamente de los medios presupone una recta concepción de los fines virtuosos (obra de la sindéresis) y el recto querer de los fines virtuosos que se da por una incoación de las virtudes morales, o sea

"apaciguada" la afectividad mediante la virtud, puede usar con serenidad su razón para hacerse cargo de las situaciones en que se encuentra, pues eso significa "adaptación".

Por eso se indican tres cosas como propias de esta "adaptación": (a) afrontar serenamente los propios problemas; (b) adquirir responsabilidad sobre los mismos; (c) elaborar soluciones para las dificultades que se plantean. Estas tres funciones las desenvuelve la razón perfeccionada por la virtud de la prudencia, y consiste en sopesar la situación, asumir la responsabilidad de actuar correctamente y buscar los medios para remediar lo que haga falta. Lo contrario es la "inadaptación" que "lleva consigo el predominio de la emotividad negativa, de factores adversos, de dependencia, de inadaptación social y, al mismo tiempo, el predominio de problemas no resueltos".

2. La madurez sexual

Nuestro segundo texto dice: "La sexualidad debe considerarse como un factor determinante de la madurez de la personalidad. La madurez sexual representa una etapa necesaria para alcanzar un nivel psicológicamente adulto (...) Para poder hablar de persona madura, el instinto sexual debe superar dos típicas formas de inmadurez: el narcisismo y la homosexualidad, y alcanzar la heterosexualidad. Esta es la primera fase del desarrollo sexual; pero es necesaria también una segunda fase: el amor debe ser una donación y no el buscarse a sí mismo"[130].

---

una inclinación natural al bien (cf. *S.Th.*, I-II, 58, 3). Por eso, mientras las demás virtudes intelectuales pueden existir sin las morales (se puede ser un gran biólogo sin ser valiente o casto), la prudencia depende de ellas (no se puede ser al mismo tiempo prudente y lujurioso).

[130] Congregación para la Educación Católica, *Orientaciones...*, n. 21.

El párrafo dedicado a la madurez sexual señala también dos criterios indicados como "fases del desarrollo sexual".

1º La primera fase comprende la *superación del narcisismo y de la homosexualidad y el alcanzar la heterosexualidad*.

El *narcisismo* consiste en la excesiva complacencia en la consideración de sí mismo. Erich Fromm lo hace sinónimo de *autocentrismo* y lo caracteriza como una "prisión de soledad y aislamiento"[131]. El narcisismo puede verificarse en varios contextos que tienen en común el plegarse de la persona sobre sí misma. Como en el mito de Narciso, radica en un mirarse a sí mismo con complacencia y buscar que la mirada de los demás se pose sobre uno mismo con aprobación, excesiva estima, etc. En casos extremos puede constituir un verdadero trastorno de la personalidad[132]. Sin llegar a tanto se lo encuentra encarnado en muchos personajes, incluso dentro del ambiente religioso y eclesiástico: pagados de sí mismos, trepadores, hipersensibles a toda muestra de estima o rechazo, mediáticos y vanidosos, manipuladores... Considerando que el párrafo que comentamos habla de la madurez sexual, la referencia al narcisismo también debe entenderse del problema de la masturbación o autoerotismo, que es un fenómeno de amor cerrado sobre sí mismo, una fijación sobre sí mismo. Dice Harvey: "los adultos que practican la masturbación tienen una fuerte tendencia narcisista"[133]. También B. Groeschel relaciona el narcisismo con la conducta masturbatoria: "Si la persona está todavía envuelta profundamente en un narcisismo irresuelto, con sentimientos infantiles y regresivos, probablemente será atormentada por el autoerotismo"[134]. El

---

[131] Erich Fromm, *El arte de amar*, II, 2.
[132] Rojas, Enrique, *¿Quién eres?*, Buenos Aires 2006, 255-263
[133] John Harvey, OSFS, *The Pastoral Problem of Masturbation*, Linacre Quarterly, May 1993, 25-49.
[134] Groeschel, B., *The Courage to be Chaste*, New York 1985, 65.

mismo nombre de autoerotismo indica esa búsqueda de satisfacer el deseo del amor y del placer en el círculo de la propia persona. "La masturbación (...) tiene una clarísima raíz narcisista, porque expresa el rechazo de la relación interpersonal y también la pretensión de convertirse en sujeto, lugar e instrumento de placer (...) Estamos no solo ante el rechazo de la relación con el otro, sino ante una relación parcial e indigente con el propio yo"[135].

La masturbación implica, un claro elemento de inmadurez que necesita ser trabajado con seriedad y serenidad para poder vivir el celibato. La prolongada dificultad para superar este problema constituye, indudablemente, un importante signo de inmadurez, y debe hacernos considerar con precaución la capacidad de tal persona para vivir serenamente la castidad consagrada. Se requiere, asimismo, plantear claramente la dificultad, aunque con extremada delicadeza y prudencia: "No hay que recurrir al miedo, a las amenazas o intimidaciones de carácter físico o espiritual, si no se quieren favorecer estados obsesivos que comprometan el equilibrio sexual y fijen al sujeto sobre sí mismo; más bien hay que abrirlo a los demás. En esta, como en otras materias, *la superación se obtiene en la medida en que se logra tomar conciencia de la verdadera causa de la anomalía*"[136]. Cuando se ha vuelto compulsiva y adictiva indica una perturbación seria que puede requerir la intervención de un profesional[137].

La *homosexualidad* es también una forma de narcisismo "porque expresa la búsqueda de sí mismo en otro «igual a sí». Digamos asimismo que en toda homosexualidad es muy clara

---

[135] Cencini, *Por amor, con amor, en el amor*, 704.
[136] Congregación para la Educación Católica, *Orientaciones...*, n. 63 (la cursiva es mía).
[137] Cf. Fuentes, Miguel, *Cuando la sexualidad duele y humilla*, Virtus 21, Edive, San Rafael (2013).

la presencia, en mayor o menor grado, de un componente narcisista (...) Lo que busca en el otro no es más que su mismo *yo*, aunque *mejorado*, o incluso más frecuentemente su *yo fallido*"[138]. Para el celibato consagrado es fundamental la identificación psicológica con el propio sexo (es decir, que el varón se sienta plenamente tal, y la mujer se perciba como enteramente mujer), lo que no se verifica en la persona con tendencias homosexuales arraigadas. Lo reconoce Cencini: "Es muy importante (*conditio sine qua non*), que haya sobre todo *plena identificación con el propio sexo*, es decir, correspondencia lineal entre el sexo genético, hormonal y genital, y la pertenencia sexual en el plano psicológico"[139].

No hay que confundir la *verdadera* tendencia homosexual con la *falsa homosexualidad*, ni con la *homosexualidad imaginaria*. La *verdadera* —también llamada *homosexualidad auténtica*— implica una inclinación arraigada que tiene como motivo principal la búsqueda de la gratificación sexual con una persona del mismo sexo, y, de modo secundario pero también presente, la dependencia afectiva y el dominio sobre la otra persona. En la *falsa*, prima la dependencia afectiva hacia una persona del mismo sexo, pero sin motivaciones sexuales *iniciales* (puede terminar, sin embargo, también en esto último). La *imaginaria*, finalmente, es más bien un estado de incertidumbre sobre la propia identidad sexual debida, a menudo, a crisis en el crecimiento, al descubrimiento de una cierta atracción por personas del propio sexo (que probablemente no indiquen nada más que un despertar instintivo todavía no controlado), etc.[140]

---

[138] Cencini, *Por amor, con amor, en el amor*, 704-705.
[139] Cencini, *Por amor, con amor, en el amor*, 916.
[140] En nuestro tiempo daría la impresión de que asistimos a una explosión del fenómeno homosexual y de otros problemas relacionados con la llamada *disforia sexual*. Sin embargo, para realizar un juicio equilibrado de este problema hay que tener en cuenta, ante todo, que asistimos a una auténtica guerra de propaganda, en la que se abultan los números para crear una ilusión mental de un tema que se

No hay ninguna duda que las personas con tendencias homosexuales verdaderas y arraigadas no son idóneas para el celibato *sacerdotal ni para la vida religiosa consagrada*. Por "vida religiosa", me refiero a la vida comunitaria. Estas personas, al no experimentar una atracción hacia personas del otro sexo, no se sienten llamadas al matrimonio; consecuentemente, deben vivir la castidad celibataria pero no en comunidad. Por otra parte, nada impide que, en orden a arraigar profundamente su determinación por una vida casta, hagan votos privados de vivir castamente[141].

Respecto del sacerdocio, el magisterio ha sido muy explícito en la Instrucción de la Congregación para la Educación Católica del año 2005: "Este Dicasterio [Congregación para la Educación Católica], de acuerdo con la Congregación para el Culto Divino y la Disciplina de los Sacramentos, cree necesario afirmar con claridad que la Iglesia, respetando profundamente a las personas en cuestión, no puede admitir al Seminario y a las Órdenes Sagradas a quienes practican la homosexualidad, presentan tendencias homosexuales profundamente arraigadas o sostienen la así llamada cultura gay. Dichas personas se encuentran, efectivamente, en una situación que obstaculiza gravemente una correcta relación con hombres y mujeres. De ningún modo pueden ignorarse las consecuencias negativas que se pueden derivar de la Ordenación de personas con tendencias homosexuales profundamente

---

intenta imponer a la fuerza. En segundo lugar, que muchos casos de personas (incluidos niños y adolescentes) confundidas sobre su identidad sexual son el fruto de un persistente trabajo de ingeniería social que impone estas ideas en las mentes desde los primeros años de vida. Es una *disforia sexual social y pedagógicamente fabricada*. Véase al respecto: Fuentes Miguel, *La violencia de la ideología de género. Hacia el hombre fragmentado*, Virtus 24, Edive, San Rafael (2016).

[141] Es lo que les propone el P. Benedict Groeschel: "He dirigido a propósito este libro a todos los que quieren permanecer célibes, ya se trate de religiosos, solteros, viudos, divorciados, o personas con orientación homosexual u otra clase de conflictos sexuales; en una palabra a todos los que hayan aceptado el llamamiento evangélico a la castidad como la solución de sus necesidades sexuales" (*The Courage to be Chaste*, 5).

arraigadas. Si se tratase, en cambio, de tendencias homosexuales que fuesen sólo la expresión de un problema transitorio, como, por ejemplo, el de una adolescencia todavía no terminada, ésas deberán ser claramente superadas al menos tres años antes de la Ordenación diaconal"[142].

Como puede observarse, el documento distingue dos categorías de personas: por un lado se excluyen tres clases de personas (los que practican la homosexualidad; los que tienen tendencias profundamente arraigadas; los que defienden la llamada "cultura gay"); por otro, se hace un juicio más esperanzador respecto de quienes tienen lo que aquí se denomina como "tendencias transitorias".

No hay dificultad para comprender los conceptos de los *practicantes* y los *ideologizados*, y el juicio excluyente del magisterio. Se trata tanto de quienes practican actos homosexuales como de quienes defienden la cultura homosexual (licitud de las relaciones homosexuales, derechos homosexuales, matrimonio entre personas del mismo sexo y/o adopción por parte de personas homosexuales...) aunque no se consideren ellos mismos homosexuales.

---

[142] "A la luz de tales enseñanzas este Dicasterio, de acuerdo con la Congregación para el Culto Divino y la Disciplina de los Sacramentos, cree necesario afirmar con claridad que la Iglesia, respetando profundamente a las personas en cuestión (cf. *Catecismo de la Iglesia Católica* [edición típica, 1997], n. 2358; cf. también C.I.C., can. 208 y C.C.E.O., can. 11) no puede admitir al Seminario y a las Órdenes Sagradas a quienes practican la homosexualidad, presentan tendencias homosexuales profundamente arraigadas o sostienen la así llamada cultura gay (cf. Congregación para la Educación Católica, *A memorandum to Bishops seeking advice on matters concerning homosexuality and candidates for admission to Seminary* [9 de julio de 1985]; Congregación para el Culto Divino y la Disciplina de los Sacramentos, Carta [16 de mayo de 2002]: *Notitiae* 38 [2002], 586). Dichas personas se encuentran, efectivamente, en una situación que obstaculiza gravemente una correcta relación con hombres y mujeres. De ningún modo pueden ignorarse las consecuencias negativas que se pueden derivar de la Ordenación de personas con tendencias homosexuales profundamente arraigadas" (Congregación para la Educación Católica, *Instrucción sobre los criterios de discernimiento vocacional en relación con las personas de tendencias homosexuales antes de su admisión al Seminario y a las Órdenes sagradas*, 2005, 2).

Las tendencias *profundamente arraigadas*, parecen, sin embargo, no restringirse a estos dos obvios casos pues la *Instrucción* las menciona como una categoría distinta, a la par de las ya mencionadas. Incluye, pues, otros casos que Kleponis y Fitzgibbons describen como personas que se identifican a sí mismos como "gays", que no ven un desorden en su inclinación homosexual, que se sienten conformes con su atracción sexual (homosexualidad sintónica), que ven la homosexualidad como una variante legítima de la sexualidad humana. Por lo general estas personas rechazan examinar la posibilidad de que sus tendencias puedan ser el resultado de conflictos emocionales en algunas relaciones de singular importancia con personas de su propio sexo (por ejemplo, conflictos en la relación con su padre). Si se les pregunta expresamente son incapaces de decir si han tenido un buen amigo varón en la escuela primaria; y su fuerte atracción física hacia los cuerpos de otros varones y hacia la masculinidad ajena, es resultado de una profunda debilidad en la confianza respecto de los hombres, un deseo profundo de ser aceptados por alguna figura varonil, y una pobre imagen corporal. Tienen una importante inmadurez afectiva con mucha bronca y celotipia respecto de los varones que no son homosexuales. Su inseguridad los empuja a evitar amistades estrechas con varones que no tengan tendencias homosexuales. Muchas de estas personas presentan también problemas psiquiátricos. Por lo general en la mayoría de estas personas se encuentran grandes problemas de resentimiento infantil irresuelto (abandono paterno, violencia, abuso sexual, desprecios...) que a veces, en la adultez, se transforma en rebelión y disentimiento de las enseñanzas de la Iglesia sobre cuestiones sexuales. Por otra parte, estas personas tienen poca o nula defensa contra las tentaciones sexuales y usualmente acarrean una serie de conductas homosexuales importantes[143]. La *Instrucción* indica que este tipo de tendencias *profundamente arraigadas* son incompatibles con la vocación religiosa y sacerdotal; por lo tanto, hay que exigir que se retire del seminario, o del noviciado, o de la comunidad religiosa, quien padezca este problema.

En cuanto a la tendencia homosexual designada como *transitoria*, hay que decir que se trata de un concepto novedoso y preferible a otros ya usados en la literatura especializada (homosexualidad *distónica*, *obligatoria* u *opcional*) porque se destaca en él la posibilidad de "cambio", no tan evidente en los otros vocablos. Las personas con tendencias homosexuales transitorias no basan su identidad masculina en sus atracciones sexuales; aunque no entienden completamente el origen de su tendencia no consideran que hayan nacido con ella, y desean cambiar. Por lo general no tienen antecedentes de actos homosexuales, aceptan enteramente la enseñanza del Magisterio al respecto y quieren vivir según esta norma. Estas personas tienen fuertes motivaciones para trabajar en psicoterapia en orden a identificar los orígenes de sus conflictos y resolverlos. Los problemas más comúnmente identificados que han ocasionado la débil confianza en otros varones proviene, generalmente, del fracaso en establecer serias amistades masculinas en la primera infancia, muy a menudo a causa de cierta torpeza para practicar algunos deportes que relacionan a los varones entre sí (básquet, futbol...). En una cultura muy focalizada en los deportes, es muy difícil para un chico desarrollar una sana confianza en otros varoncitos si no puede participar en tales actividades grupales. En general estas personas han carecido de amistades verdaderas

---

[143] Cf. Kleponis, Peter – Fitzgibbons, Richard, *The Distinction between Deep-Seated Homosexual Tendencies and Transitory Same-Sex Attractions in Candidates for Seminary and Religious Life*, The Linacre Quarterly (3) (August 2011): 355-362.

en la infancia, resultando una profunda soledad, tristeza, inseguridad, ansiedad, bronca, y una pobre imagen de su propio físico. La atracción por otros varones a menudo comienza antes de la adolescencia y es un intento inconsciente de escapar del dolor emotivo que causa la soledad y el aislamiento. Además, en varios de estos casos se descubre también una falta de lazo estrecho con el padre, lo que contribuye a intensificar la soledad y la inseguridad varonil.

Kleponis y Fitzgibbons sugieren ciertos tests adecuados para evaluar la presencia de este tipo de tendencias y realizar una seria historia del candidato[144]. Una vez identificada la tendencia transitoria, se sugiere realizar un tratamiento adecuado antes de entrar al seminario o, cuanto más, en los primeros años de formación. El proceso implica resolver, por medio de un adecuado trabajo en el perdón, el resentimiento hacia los que han causado las heridas; fortalecer la confianza varonil, remediar los sentimientos de tristeza y soledad y reconstruir la confianza. El trabajo no es puramente psicológico (aunque sí principalmente) sino que debe ser apoyado por una seria dirección espiritual y vida de fe. Además exige fun-

---

[144] Esta, según los referidos autores, debería individuar en profundidad: (a) Cómo han sido y cómo son sus relaciones con sus pares (amigos), con su padre, con sus hermanos varones (si los tiene). Esto permitiría hacerse una idea del grado de confianza varonil que el candidato ha desarrollado en la infancia, en la adolescencia y en la juventud. (b) Cuándo considera que ha comenzado a tener su mejor amigo y qué calidad de amistad fue esa (precisamente las personas con atracción por el mismo sexo suelen carecer de esta experiencia en su infancia, y solo pueden identificar un buen amigo a partir de la primera adolescencia). (c) Evaluar cómo es la aceptación de la propia imagen corporal, pues cuando esta es muy pobre, es más fácil que se presente inseguridad respecto de la propia virilidad y atracción hacia personas del propio sexo. (d) Finalmente, si se han sufrido abusos homosexuales en la infancia, pues esto causa tremendos daños en la confianza respecto de las personas del mismo sexo y desarrolla tendencia hacia personas del propio sexo (porque la atracción que experimentan no es otra cosa que el intento de obtener la confianza de otros varones y la masculinidad que nunca recibieron a causa de la carencia de lazos viriles saludables con su padre y sus pares).

dar serias y sanas amistades. Las expectativas de buenos logros en estas terapias son altas si los candidatos están realmente convencidos y motivados.

De todos modos, la *Instrucción* de la Congregación para la Educación católica deja bien en claro que estas tendencias "deberán ser claramente superadas al menos tres años antes de la Ordenación diaconal". Lo que indica que el plazo de trabajo se extiende prácticamente a solo el período de los estudios filosóficos o, cuanto más, al primer año de teología. Teniendo esto en cuenta, y que ningún tratamiento de este tipo puede llevar menos de dos años, por lo general debería recomendarse que el trabajo psicológico se realice fuera del seminario volviendo a pedir entrar una vez superado el problema. Esto salvo excepciones.

El párrafo que estábamos comentando terminaba indicando como criterio de la madurez, el *alcanzar la heterosexualidad*. Debemos entender esta fórmula como *lograr la capacidad de relacionarse de modo sereno y casto con las personas del otro sexo*, con pleno domino de los propios afectos y movidos por una luminosa prudencia elevada por la gracia.

Pueden servirnos de parámetro estas indicaciones del mismo Magisterio: "en las relaciones con el otro sexo el seminarista [*así como el sacerdote y todo consagrado*] debe seguir la justa línea que es la de la verdad y sinceridad, insistiendo sobre la autenticidad del comportamiento, que excluye, por su naturaleza, todo lo que suena a ficción y artificio. Es evidente que están fuera de esta línea todas las relaciones provocadas y buscadas solamente por un interés personal unilateral y para aprovecharse de la persona del prójimo para propia utilidad. Excluidas, pues, para el futuro sacerdote relaciones de este género, quedan las relaciones ordinarias y normales que se presentan en las diversas circunstancias de la vida. Se trata de relaciones entabladas según las reglas de un sano comportamiento humano, orientadas con el tacto, respeto y sobre todo la caridad debidos a toda persona (...) Es necesario que, en tales relaciones, el seminarista llegue al dominio de sí mismo, que sepa suspenderlas o romperlas sin sentirse desasosegado. Supone esto una sana ascesis, una vigilante mortificación y un constante autocontrol"[145].

Por tanto, la "sana heterosexualidad" no indica aquí otra cosa que un equilibrado comportamiento con las personas del otro sexo, evitando, por un lado, confundir la virtud con la misoginia o la misandria, y, por otro, fomentar un trato imprudente "probablemente para recuperar —quizás inconscientemente— al menos una parte de la gratificación a que se ha renunciado, o para confirmar y reafirmar ante sí mismo (antes que ante los demás) la propia identidad sexual, quizás no muy fuerte ni segura"[146]. Son contrarias a la sana actitud todas las formas de coqueteo, vanidad, excesiva o innecesaria frecuentación, familiaridad, curiosidad, exclusivismo, etc. Nuestra propia necedad, e incluso el mismo demonio[147], son habilísimos para instalar sofismas que no hacen otra cosa que romper aquellas barreras que la sana prudencia manda mantener

---

[145] Congregación para la Educación Católica, *Orientaciones...*, n. 59.

[146] Cencini, *Por amor, con amor, en el amor*, 927.

[147] Aunque no trato explícitamente del tema en ningún punto de este trabajo, quisiera dejar sentado en esta nota que en muchos fenómenos de sexualidad desordenada y desenfrenada (especialmente en donde el desgobierno implica vicios antinaturales) puede tener un lugar importante la acción demoníaca. Cito a propósito estas palabras de Groeschel: "A menudo esta conducta [de abuso de la sexualidad] es tan dañina que podemos preguntarnos si no hay detrás alguna responsabilidad de las fuerzas del mal, tan a menudo mencionadas en la Sagrada Escritura (...) Quien se crea oprimido o preocupado por alguna fuerza extraña cuídese mucho de negar su propia responsabilidad sobre sus actos; pero, al mismo tiempo, sería prudente que rece para ser librado de cualquier forma de mal externo a sí. En estos casos es muy importante el recurso a los sacramentos. Los que se ocupan en ayudar a personas atormentadas por compulsiones y conflictos sexuales, deben aceptar la posibilidad de que haya alguna intervención de influencias malignas (...) Quienes estén luchando por vivir el celibato casto no deben sorprenderse de estos obstáculos. Deben rezar por su curación y liberación, preferentemente acompañados de otras personas, y en especial con alguien que aprecie su lucha" (Groeschel, *The Courage to be Chaste*, 72-73).

siempre cerradas; por ejemplo, el enfatizar temerariamente la necesaria complementariedad entre el genio femenino y la practicidad del varón, la necesidad de proteger al sexo débil, el afán de integración, el superar las distancias acartonadas entre ambos sexos, etc. Sin negar una cuota de verdad en estas ideas, la experiencia nos muestra con cuánta desenvoltura se pasa a establecer lazos de compañerismo, amistad, colaboración, etc., entre personas de ambos sexos que prontamente degeneran en confusiones afectivas, dependencias, e incluso enamoramientos y otros males.

Además, hay que tener especial atención a las personas que en la vida pasada han tenido hábitos promiscuos o vicios relacionados con la prostitución, pornografía, donjuanismo, etc. No hay que negar que una sincera y profunda conversión puede sanar las tendencias heterosexuales profundamente desordenadas, pero tampoco hay que confiarse de que tales hábitos se desarraiguen con excesiva facilidad. En todo caso, el trabajo en la virtud debe ser más profundo en estas personas y su conversión debe considerarse siempre como un proceso sin interrupción, según observamos en la vida de los grandes convertidos (como san Agustín, por ejemplo).

2º La segunda fase y criterio indicado en el texto que tomamos de referencia, es la *vivencia del amor como una donación y no el buscarse a sí mismo*.

Madurez sexual equivale a "sexualidad integrada" en la personalidad, no "sexualidad negada". La persona sexualmente madura es aquella que comprende el valor intrínseco de la sexualidad (de *su* sexualidad) y lo vuelve, por medio de la virtud, "potencialidad oblativa", "capacidad de donación, de amor altruista"[148]. Creo que podemos tomar como válido aquello que dice Erich Fromm en *El arte de amar*: "El amor infantil sigue el principio: «Amo porque me aman». El amor

---

[148] Cf. Congregación para la Educación Católica, *Orientaciones...*, n. 22.

maduro obedece al principio: «Me aman porque amo». El amor inmaduro dice: «Te amo porque te necesito». El amor maduro dice: «Te necesito porque te amo»"[149]. Teniendo en cuenta esta línea podemos plantear un amor *hipermaduro*: aquel capaz de decir "amo *a pesar de* que no me aman", y "amo a quienes no me corresponden y sin esperar correspondencia de ellos, sino de Dios". Este es el punto culminante del amor como imitación de Cristo y de Dios *que nos amó primero* "cuando éramos enemigos" (cf. Rm 5, 8-10; Ef 2,5-6).

Bajo este punto de vista, un criterio clave para ver el nivel de la madurez humana, es la concepción de la afectividad y de la sexualidad o bien como capacidad de *donación*, o, por el contrario, como *necesidad de recibir*. La persona madura experimenta la capacidad y la necesidad de darse; la inmadura, la necesidad de recibir, de ser amada, de ser "objeto" de la atención y del amor de los demás. Mejor aun, la madura es capaz de superar su deseo de recibir afecto haciendo primar su aspiración a darse a sí mismo. Es el triunfo de la gracia sobre el egoísmo que nos acompaña como herencia del pecado original. Quien se dona sale de sí y se da, porque ve el corazón como potencia activa y ve la indigencia ajena como una interpelación personal a la generosidad (piénsese en los santos de las grandes obras caritativas, como Teresa de Calcuta, Luis Orione, Juan Bosco, José Cottolengo, Pío de Pietrelcina, etc.). Quien focaliza sus esfuerzos en la búsqueda de afecto, experimenta la propia carencia, y reclama la atención y el cuidado de los demás como imprescindibles para llenar su vacío. En el primer caso el objeto es la persona del prójimo; en el segundo, el propio yo. Este último se caracteriza por el temor: recelo a no ser amado, miedo al abandono, pánico a la soledad, desconfianza, inseguridad... La persona que toma como centro de

---

[149] Fromm, Erich, *El arte de amar*, II, 2. Recordemos que el autor es marxista y psicoanalista; pero en esta obra, junto a principios que no podemos compartir desde el catolicismo, también tiene reflexiones luminosas.

su atención amorosa (y sexual) su propio vacío, usa a los demás como el enfermo la medicina, y su amor es *utilitarista* ("te amo porque te necesito") y *condicional* ("amo siempre y cuando me amen"). Es imposible vivir el celibato desde esta perspectiva; a lo sumo se puede configurar así la silueta popular del "solterón egoísta" (el que no se casa porque no quiere renunciar a ocuparse exclusivamente de sí mismo). Este tipo de personas se vuelven dependientes de los afectos que esperan recibir e, indirectamente, de las personas de quienes los mendigan; y además están condenadas a la insatisfacción: "toda necesidad egoísticamente satisfecha que, intencional, exclusiva y preferentemente, persigue la propia gratificación, nunca llega a satisfacerse de forma radical y definitiva"[150]. Como dice Bernanos. "nadie es menos digno de amor que quien únicamente vive para ser amado"[151].

Alcanzar el amor oblativo exige un proceso educativo, pues "el amor humano no es perfecto desde el principio; se desarrolla y se perfecciona a través de un largo proceso de evolución y purificación. De egoísta, sensible y hedonista, como es en el niño, debe llegar a ser, en el adulto, espiritual, altruista, amante del sacrificio, a imagen del amor de Dios al hombre. Hay que ayudar al seminarista [*y dígase otro tanto de cualquiera que aspire a la castidad perfecta*] a ascender según esta trayectoria, sin retrasos ni paradas, y sin pretender por lo demás quemar las etapas"[152].

La madurez sexual se da, pues, en la vivencia serena de la castidad. Para asumir maduramente el compromiso del celibato consagrado (en la ordenación diaconal o presbiteral o en los votos perpetuos) la persona debe ser capaz de vivirlo, es decir, debe dar ese paso tras haber demostrado, de hecho,

---

[150] Cencini, *Por amor, con amor, en el amor*, 582.
[151] Bernanos, *L'Imposture*, 1927.
[152] Congregación para la Educación Católica, *Orientaciones...*, n. 46.

que es capaz de él. Corresponde a sus formadores (en particular al director espiritual) asegurarse de esto. En este sentido "el candidato, cuando ha contraído un mal hábito contra la castidad, no debe recibir las Órdenes [Sagradas], y si lo hace, ofende gravemente a Dios. Respecto del mínimo de tiempo que el candidato debe permanecer en castidad perfecta antes de recibir las Órdenes Sagradas, no se puede acudir taxativamente al cálculo matemático para decidir qué plazo debe transcurrir. Cada persona es un caso totalmente distinto —bajo el aspecto biológico, fisiológico, psicológico y teológico— de los demás, aunque parezca semejante; las inclinaciones naturales que afectan a esta opción están muy enraizadas en la naturaleza de la persona y sería una ingenuidad pensar que se adaptan espontáneamente a las implicaciones de esa elección sin un camino fatigoso; por ello, el estudio de las circunstancias personales es insustituible para garantizar una decisión prudente (...) Varios autores, sobre todo anteriores al Concilio Vaticano II y a la posterior Encíclica *Sacerdotalis coelibatus*, aconsejaban el plazo de un año (calculado moralmente) sin especiales dificultades para recibir el sacerdocio; este plazo, que en algunos casos podía ser juzgado insuficiente, era cierta presunción de garantía sobre el arraigo de la virtud, pero se había de estimar junto con otros elementos personales, sin duda más importantes"[153].

Se ha discutido sobre estas indicaciones, tachándolas de demasiado rígidas, o propias de otras circunstancias históricas. Algunos tienden a ser mucho más flexibles y a promover perspectivas más amplias; otros a ajustar más las exigencias. De todos modos, considero que, sin pretender determinar exageradamente disposiciones temporales, vale el criterio fundamental: "no debe admitirse a nadie que no haya dado garantía de una castidad probada", es decir, el candidato debe demostrar que puede vivir la castidad de un modo estable y

---

[153] Monge, Miguel, *La formación de las vocaciones al celibato*, 49-50.

sereno. Me parece adecuado cuanto dice Monge: "Los formadores, especialmente el director espiritual, harán una valoración para cada caso particular con flexibilidad, prudencia y juicio firme. Entre otras cosas, se debe examinar, delicadamente, su personalidad, su madurez humana y sobrenatural, sus disposiciones de carácter, sus aptitudes para el sacerdocio, su temple de voluntad para resistir la tentación, su trayectoria en el modo de vivir esa virtud, dentro y fuera del seminario, la libertad del candidato para controlar estas debilidades (...)"[154].

---

[154] Monge, Miguel, *La formación de las vocaciones al celibato*, 51.

IV

El celibato exige amistad sacerdotal

> *La castidad sacerdotal se incrementa, protege y defiende también con un género de vida, con un ambiente y con una actividad propias de un ministro de Dios; por lo que es necesario fomentar al máximo aquella «íntima fraternidad sacramental» de la que todos los sacerdotes gozan en virtud de la sagrada ordenación (...) Sea, por consiguiente, perfecta la comunión de espíritu entre los sacerdotes e intenso el intercambio de oraciones, de serena amistad y de ayudas de todo género. No se recomendará nunca bastante a los sacerdotes una cierta vida común entre ellos, toda enderezada al ministerio propiamente espiritual; la práctica de encuentros frecuentes con fraternal intercambio de ideas, de planes y de experiencias entre hermanos; el impulso a las asociaciones que favorecen la santidad sacerdotal* (Pablo VI, Sacerdotalis coelibatus, 79-80).

> *El seminario debe ser una escuela de amistad; debe fomentar la fraternidad a nivel incluso humano; debe tener confianza en ella, y no perturbarle con insinuaciones injustas y de mal gusto. Una verdadera educación para el celibato debe estar enraizada profundamente en la fraternidad* (Congregación para la Educación Católica, Orientaciones..., n. 71).

Un sacerdote sin verdaderos amigos sacerdotes es un sacerdote en peligro. De ahí que se recuerde a los obispos: "se recomienda encarecidamente la vida común entre los sacerdotes"[155]. Pero no hay que confundir amistad con otros modos de compañía que solo se le asemejan accidentalmente. La amistad que se considera fundamental para conservar la virtud es la amistad *verdadera*, que se funda, precisamente, en la virtud, como señalaba Aristóteles. Hay otros modos de amistad que no merecen plenamente este nombre. El mismo Filósofo reconocía, por debajo de la amistad virtuosa, dos modos más: la que se funda en la utilidad que se prestan los "amigos" (el provecho material que puede sacar uno del otro) y la que se establece en base al placer. Estas dos últimas son fragilísimas, provisorias, condicionales y, en muchos casos, nocivas[156].

La amistad que se basa en la virtud, en cambio, es, por sí misma, noble, honesta y fomenta la caridad, pues nace de ella. Solo este modo de amistad puede hacer sentir hacia los sacerdotes que están turbados por dificultades lo que pedía Pablo VI, a saber, "el ardor de la caridad para con ellos, pues tienen más necesidad de amor, de comprensión, de oraciones, de ayudas discretas pero eficaces, y tienen un título para contar con la caridad sin límites de los que son y deben ser sus más verdaderos amigos"[157].

La castidad exige la caridad (afecto espiritual), al menos para ser vivida de modo perfecto. Porque la castidad es un modo eminente de amor a Dios y a las almas. Por eso, el celibato consagrado no puede llevarse adelante con gozo sin un desarrollo adecuado y armónico de la afectividad. De ahí la necesidad de la fraternidad sacerdotal o religiosa que es el ambiente propio y propicio del sano desarrollo de la afectividad.

---

[155] Concilio Vaticano II, Decreto *Christus Dominus* (sobre el ministerio pastoral de los obispos), 30.
[156] Cf. Aristóteles, *Ética a Nicómaco*, l. VIII, c. 3.
[157] Pablo VI, *Sacerdotalis coelibatus*, 82.

Sin lugar a dudas esta manifestación humana también puede desviarse, dejando de ser verdadera caridad para transformarse en una caricatura suya. Algunos antiguos escritores espirituales advirtieron sobre el problema de las "amistades particulares", concepto no siempre bien entendido ni siquiera entre los mismos religiosos. El término "particular" tiene aquí una connotación claramente negativa que hoy día no nos dice tanto como antiguamente. Equivale ante todo a "exclusivista" o también "negativa, distorsionada o desviada". Esta deformación de la amistad puede verificarse por distintas razones: cuando es frívola, si empuja a la exclusividad y al aislamiento del resto de la comunidad, si se acompaña de celotipia, cuando suscita emociones de tristeza, cuando conlleva murmuraciones o críticas a los superiores o al resto de los hermanos, si se manifiesta en ternuras impropias, si desvía de los deberes propios de estado, cuando exige una frecuencia inusitada, cuando los sentimientos empiezan a ser confusos para los mismos amigos, etc.

No debe, pues, confundirse con la auténtica amistad fraternal que es completamente positiva, se mantiene siempre abierta a los demás y no margina a nadie, no oculta nada a los ojos ajenos, no lleva al secretismo ni se enturbia con murmuraciones, celos o sórdidos afectos.

La amistad que hace de sólido soporte a la virginidad y al celibato es, ante todo, amistad con Dios: "El celibato es vocación a una forma de amor; hay que vivirlo en un clima de amistad, ante todo con Dios en Cristo"[158]. Y es precisamente de esta fuente que brota la amistad que une a los sacerdotes entre sí. "¡Ay del solo que cae, pues no tiene quien lo levante!", dice la Sagrada Escritura (Qo 4,9).

Como hemos dicho, son amistades verdaderas las que se basan en la virtud. San Francisco de Sales decía en un célebre pasaje:

---

[158] Congregación para la Educación Católica, *Orientaciones...*, nn. 51.

"Ama a todo el mundo con amor de caridad, pero no tengas amistad sino con aquellos que pueden comunicar contigo cosas virtuosas; y cuanto más exquisitas sean las virtudes, más perfecta será la amistad. Si la comunicación tiene por objeto las ciencias, tu amistad es, ciertamente, muy loable; y lo es todavía más, si la comunicación se refiere a las virtudes de la prudencia, discreción, fortaleza y justicia. Pero, si vuestra mutua y recíproca comunicación es acerca de la caridad, de la devoción, de la perfección cristiana, ¡oh Dios mío!, qué preciosa será esta amistad. Será excelente, porque vendrá de Dios; excelente, porque tenderá a Dios; excelente, porque durará eternamente en Dios. ¡Qué bueno es amar en la tierra como se ama en el cielo y aprender a amarse los unos a los otros, en este mundo, de la misma manera que nos amaremos eternamente en el otro!

No hablo ahora del simple amor de caridad, porque esta virtud hemos de tenerla con respecto a todos los hombres; sino que hablo de la amistad espiritual, por la que dos, o tres o más almas se comunican su devoción, sus afectos espirituales, y forman como un solo espíritu. Con cuánta razón pueden cantar estas bienaventuradas almas: «¡Oh, cuán bueno y agradable es el que los hermanos vivan unidos!» (Sal 132,1). Sí, porque el bálsamo delicioso de la devoción destila de un corazón a otro por una continua participación, de suerte que se puede afirmar que «Dios hace descender sobre esta amistad su bendición y la vida por los siglos de los siglos» (Sal 132,4).

Me parece que todas las demás amistades no son sino sombras, en comparación de aquella, y que sus lazos no son más que cadenas de vidrio, en comparación con este gran vínculo de la santa devoción, todo él de oro.

No quieras trabar otra clase de amistades, se entiende de las amistades buscadas por ti; porque claro está que no se pueden dejar ni despreciar las amistades que la naturaleza y los deberes preexistentes nos obligan a cultivar: con los padres, los parientes, los bienhechores, los vecinos y otros; hablo de las que tú misma escoges"[159].

Es evidente que la verdadera amistad se funda en la gracia, nace de Dios, en la comunicación de bienes sobrenaturales, apunta y lleva a Dios. En el siglo XII escribía san Elredo de Rielval: "Nace en Cristo, en Cristo crece y por él se plenifica... Estoy persuadido de que no puede darse verdadera amistad entre los que no viven en Cristo"[160].

Cuando la amistad es de este tipo es excelente. Y hay que cuidarla no solo para que no se pierda sino para que no se arruine. Porque no debe extrañarnos que el falto de recato y de prudencia deje deslizar su amistad hacia la frivolidad y esta se convierta, luego, de vana en mala.

¿Cuáles son las señales o manifestaciones por las que se entrevé que una amistad, al comienzo sana y virtuosa, comienza a torcerse? Lo señalaba muy bien De Guibert: "El más característico [signo] parece ser el *exclusivismo* en los afectos y relaciones. Así, no poderse tolerar una señal de cariño dada a otro por el amigo; o cuando se conversa con él, aun de cosas indiferentes y sin secreto, sentir desagrado con la llegada de un tercero a quien se le mira como a un intruso; los celillos hacen sospechosa la amistad que les da ser. Ocurre también el estar pensando sin cesar en el amigo, aun durante la oración, el estudio, el trabajo absorbente; se experimenta la necesidad de verle a cada momento, de hablarle; y gran inquietud si no estaba donde se le esperaba. Se tienen charlas inacabables y fuera de propósito cuando están juntos; hay intercambio exagerado de regalos y otros ligeros testimonios de afecto. Falta mutua franqueza con tendencia a excusarlo todo

---

[159] Francisco de Sales, *Introducción a la Vida devota*, III, 19.
[160] Elredo de Rielval, *La amistad espiritual*, I, n. 9 y 16.

en el amigo. Existe la tendencia a secretear aun las confidencias más insustanciales, y a la fuerza, si hay algo en estas relaciones que instintivamente requiera la necesidad de ocultarlo"[161].

Ciertamente que en tales casos no hay verdadera amistad, porque decía el ya citado san Elredo: "la amistad [verdadera] es orientada por la prudencia, custodiada por la fortaleza y moderada por la templanza"[162]. Todo eso falta en la amistad desordenada. Esta es falsa amistad, o "amistad pueril" como la llama el mismo santo: "porque en [ella], como en los niños, prevalece el sentimiento, es infiel, inestable y siempre mezclada con amores no purificados. La huyen siempre los que se deleitan en la dulzura de la amistad espiritual. Más que amistad, es veneno de la amistad"[163].

En cambio, como dice el mismo autor: "existe un grado de amistad [humana] cercano a la perfección... cuando el hombre, mediante el amigo, se convierte en amigo del hombre-Dios". El que la amistad lleve al amor de Dios, al incremento de la virtud, a la vida más profunda de la gracia, al amor incondicional por las almas y a una entrega más profunda al mismo sacerdocio, es signo inconfundible de verdadera amistad.

En este sentido, el modelo de toda amistad es el que nos ha manifestado el mismo Jesucristo, quien nos regala con este título: "Ya no os llamo siervos sino amigos" (Jn 15,15).

---

[161] De Guibert, *Lecciones de Teología espiritual*, Madrid 1953, vol. I, lect. 32, p. 411.
[162] Elredo de Rielval, *La amistad espiritual*, I, n. 47.
[163] Elredo de Rielval, *La amistad espiritual*, II, n. 57

V

Elementos fundamentales para la educación célibe

> *Hermosa es la unión de la virginidad y de la humildad; y no poco agrada a Dios aquella alma en quien la humildad engrandece a la virginidad y la virginidad adorna a la humildad* (San Bernardo, *Homilía sobre la Virgen Madre, 1).*

Recogiendo algunas observaciones enunciadas en las páginas que anteceden, podemos expresar el siguiente principio: *los elementos fundamentales para la educación del celibato son los mismos que rigen la educación del amor en general.*

Estos elementos son cuatro: la virtud, la ascesis, el gusto por la belleza, y el sentido de paternidad espiritual.

1. La gracia supone la naturaleza

Pero antes de pasar a exponer estos rasgos, creo vital destacar la importancia del trabajo en las virtudes humanas como condición para poder vivir la consagración sobrenatural. La teología nos ha querido expresar esta verdad con un axioma de todos conocido: "gratia non tollit naturam", la gracia no destruye la naturaleza[164]; o también: "gratia praesupponit naturam", la gracia *supone* (o *presupone*) la naturaleza[165].

Esto significa que la gracia, es decir, la acción gratuita de Dios sobre el alma, no solo no hace inútil la acción forjadora de la virtud humana y la educación del carácter, sino que la entraña. El axioma tiene, a nuestro criterio, dos sentidos fundamentales. El primero, como dice otro dicho: "lo que natura no da, Salamanca no presta", es decir, admitir a una misión de alta responsabilidad a quien *carece* de cualidades (si *ni siquiera* las posee *potencialmente*) es un crimen contra esa persona (porque se le carga una responsabilidad de la que no es ni será capaz) y contra el bien común. No se puede edificar un castillo sobre arenas movedizas. En segundo lugar, que lo que uno recibe por naturaleza está *en estado potencial*, y no se desarrollará sino a través de un trabajo serio y voluntario; por tanto, sería necio esperar que se desarrolle de modo espontáneo y mágico o aguardar a que Dios remedie con su gracia la ineptitud o pereza pedagógica de los que tienen que garantizar el desarrollo.

Subrayando con fuerza este principio, el beato Santiago Alberione ponía diversos ejemplos de la exigencia de un determinado sustrato humano —natural y/o adquirido— para poder edificar sobre él las cualidades propias del cristiano, del religioso y del santo[166]. Así, por ejemplo, decía que "la *vida común* (= vida en comunidad) supone: un carácter manso, sociable, optimista: parte por naturaleza, parte por educación; una mente amplia, solícita, comprensiva, inclinada a interpretar favorablemente las cosas; una disposición recta hacia los

---

[164] Cf. Santo Tomás, *S.Th.*, I, 1, 8 ad 2.
[165] Cf. Santo Tomás, *I Sent.*, d. 17, 3, 3.
[166] Beato Santiago Alberione, *Alma y cuerpo para el Evangelio* (1953).

pobres, los atormentados, los superiores, los inferiores; la observancia de las reglas de cortesía, educación, sumisión, amabilidad; en todas partes, pero especialmente estando en compañía; la disposición a perdonar los desafueros y los males, y a recordar los beneficios recibidos; sin echar en cara las culpas, ni humillar al inferior, etc.; ser siempre ecuánimes y sencillos, sin orgullo en la suerte y en el honor; pero también sin abatirse en las contradicciones". Podemos deducir que si esperamos que una persona de mente estrecha, duro de corazón, insociable, inclinado a ver las cosas en tonos siempre grises o negros, rencoroso, pronto a la disputa, contradictor y orgulloso, insumiso y maleducado, sembrador de mal espíritu... pueda vivir en una comunidad sin convertirla en un infiernillo doméstico, estamos esperando milagros y una gracia que construya un santo sin suponer ninguna naturaleza. Contrario al principio arriba enunciado.

Concretamente, en referencia a nuestro tema, es decir, a la castidad y al celibato consagrado, añadía: "La observancia de la castidad supone: el hábito de pensamientos elevados, el empuje del corazón a las cosas hermosas y buenas, un firme propósito de querer vivir como hombres; el dominio habitual de los sentidos: vista, oído, lengua, tacto, olfato, etc.; la fuerza de voluntad y táctica en el gobierno de nosotros mismos; el verdadero concepto de la vida, de la nobleza de alma respecto al cuerpo y la sujeción de este al espíritu; la vigilancia en evitar las ocasiones próximas del mal y los peligros: cosas, personas, espectáculos, lugares, lecturas, audiciones, etc.; la fuga del ocio, de la gula, de las libertades excesivas solos o en compañía; una tierna devoción a María, con la fervorosa frecuencia a la confesión y comunión".

De aquí se desprende que un (o una) joven que no domina sus sentidos, o no gobierna su corazón, o es descuidado/a respecto de las ocasiones de pecado, o que se toma libertades sensuales, o que no se mortifica ni priva de gustos mundanos, o que no es asiduo/a a la oración y a los sacramentos..., abrigue esperanza de guardar la castidad perfecta y la fidelidad del corazón por el solo hecho de firmar un papel sobre el altar o pronunciar sus votos en público... es pedir peras al olmo. Sorprenderse de sus caídas o de su falta de perseverancia es ignorar la psicología humana.

De ahí que Alberione considerara la formación humana como "la base", "el punto de partida" de toda formación, porque es la que apunta a forjar el "hombre recto", sin el cual no hay buen cristiano, y menos todavía un santo. Según sus palabras:

"Es necesario que haya una base, un punto de partida: el hombre recto; sobre él puede construirse el buen cristiano, el hijo de Dios; sobre éste puede edificarse el religioso santo, laico o sacerdote; y del religioso santo puede hacerse un apóstol según el gran modelo, san Pablo. Si faltara la base –el hombre recto en el uso de la inteligencia, de las fuerzas, del corazón, según la razón–, todo se hundiría; como es evidente en quien no observa los mandamientos".

Y pone de ejemplo al mismo Cristo:

"Jesucristo, Apóstol del Padre, fue antes «perfecto hombre»; también en esto él es *camino*. El concepto de «perfecto hombre» no implica solo que él tuvo alma racional y cuerpo orgánico; sino que significa el perfecto ordenamiento de sus facultades, por una parte, según Dios y, por otra y a la vez, según razón. ¿Quién pudo acusarle de pecado en algún punto? Fue el perfecto hijo de familia, el perfecto niño, el perfecto joven, el perfecto trabajador, el perfecto ciudadano, el perfecto súbdito, el perfecto rey; fue perfecto en casa, en sociedad, en el trato, en la oración, en la soledad; fue perfecto en la prudencia, justicia, fortaleza, templanza; fue perfecto en aprender como discípulo y perfecto en enseñar como Maestro, en buscar la gloria de Dios y la salvación del hombre como Apóstol".

En la formación no se puede separar lo externo y lo interno, lo superior y lo inferior, lo natural y lo sobrenatural:

"Nuestro interior y nuestro exterior deben servir a Dios. Todas las cosas han sido modeladas por él: todo, aun las cosas más materiales, son dadas por Dios a servicio del hombre; y este ha de usarlas a servicio de Dios: «*bonum ex íntegra causa, malum ex quocumque defectu*» [= algo es bueno cuando todas sus causas o elementos son buenos; es malo, en cambio, si al menos una de ellas es defectuosa]; por ejemplo, el buen uso del tiempo, de la salud, de los ojos: «Todo es vuestro; pero vosotros sois de Cristo y Cristo de Dios» [1Co 3,22-23]. Cuerpo y alma, pues, a servicio de Dios; y como conviene a un hijo de Dios".

Si no se procura este aspecto, todo cuanto se intente edificar se derrumbará: "Si se parte bien, se puede esperar llegar bien; si se parte mal, ¿cómo se llegaría bien? Si en las ediciones se escoge mal el libro o el sujeto cinematográfico, ¿cómo esperar un resultado, una acogida, una difusión buena? Por eso Jesús dice al joven que quiere ir al cielo: «¡Guarda los mandamientos!», y sólo después de haber asegurado que los había practicado siempre, le ofreció el camino de perfección".

En síntesis, como puede verse, hay que "Formar 1º el hombre sensato, justo, sociable, recto ante Dios, ante sí mismo y ante la sociedad; 2º encima poner al cristiano, que sigue a Jesucristo, Camino, Verdad y Vida, mediante fe viva, imitación del Maestro, vida en Cristo y en la Iglesia; 3º añadir luego el religioso santo, que tiende a la perfección en la vida común, en la práctica de los consejos evangélicos, en el apostolado propio de su familia religiosa".

2. Trabajo positivo en la virtud

Yendo, pues, al trabajo concreto, se debe comenzar por lo positivo; por el amor del bien virtuoso: "Para activar fuertemente la esfera afectivo-volitiva de la personalidad de los seminaristas, el educador debe poner ante su consideración más el bien que el mal, la virtud que el vicio; deberá presentarles ideas-fuerza y valores que puedan servirles en cualquier eventualidad"[167].

Las virtudes son elementos fundamentales del obrar humano; los hábitos no son "añadiduras" o "lujos" que algunas personas se procuran para sí mismas, sino el modo propio del obrar humano y la perfección de la libertad humana. Por eso Aristóteles definía a la virtud moral como "hábito electivo", es decir, cualidad estable que perfecciona la facultad humana para ejercer la libertad de modo correcto y perfectivo[168].

Quien pretende permanecer célibe sin ser virtuoso, se fabrica una gigantesca ilusión destinada a hacerse pedazos. "Teniendo en cuenta el principio ya enunciado, según el cual la educación sexual se integra en la educación total de la persona, y queriendo educar para el celibato, es indispensable inducir a los seminaristas a cultivar cada vez más las virtudes naturales y sobrenaturales"[169].

a) La castidad

La virtud que perfecciona la vida virginal es la castidad. Y por eso debe hacerse un cultivo explícito de esta virtud durante la etapa formativa: "Encamínese a los seminaristas a

---

[167] Congregación para la Educación Católica, *Orientaciones...*, n. 41.
[168] Cf. Aristóteles, *Ética a Nicómaco*, l. II, cap. 6; Fuentes, M., *La trampa rota*, 273-278; *Educar los afectos*, 199-209.
[169] Congregación para la Educación Católica, *Orientaciones...*, n. 50.

descubrir la teología de la castidad, haciéndoles ver las relaciones existentes entre la práctica de esta virtud y todas las grandes verdades del cristianismo. Hágaseles ver la fecundidad apostólica de la virginidad consagrada, poniendo de relieve que cada experiencia buena o mala concurre a modificar en sentido positivo o negativo nuestro ser, nuestra personalidad y, consiguientemente, también nuestra acción apostólica"[170]. "La castidad, lejos de ser una virtud aislada en el mecanismo de la personalidad espiritual del sacerdote, constituye una expresión culminante de una vida sana en la fe, equilibrada y sólidamente basada en una ardiente caridad. Por esto *nada en la vida y en el clima del seminario debe ser indiferente para la adquisición de tal virtud*"[171].

La castidad es un hábito, es decir, una cualidad estable, permanente, una buena inclinación, fuerza o energía que da la capacidad de obrar no solo bien sino *magníficamente*. Así como el arte del violín hace del violinista, como solemos decir, un *virtuoso* de este instrumento, es decir, un hombre que tiene pleno dominio y habilidad para su ejecución, del mismo modo la castidad hace del hombre un *virtuoso* de su afectividad y de su sexualidad, es decir, una persona capaz de usarla para el bien y para lo mejor, para su propia perfección y para la ajena.

Por eso se dice que la educación del celibato consiste en persuadir a los que desean consagrarse a que "quieran vivir una castidad auténtica, si no quieren consumirse en la mediocridad, sin las alegrías humanas ni las divinas"[172]. La alternativa, pues, a una castidad "auténtica", es una mediocridad triste y deslucida.

La castidad, como hábito apetitivo, se arraiga en nuestras potencias afectivas y produce en ellas la "inclinación a

---

[170] Congregación para la Educación Católica, *Orientaciones...*, n. 58.
[171] Congregación para la Educación Católica, *Orientaciones...*, n. 70.
[172] Congregación para la Educación Católica, *Orientaciones...*, n. 52.

obedecer" a la razón, a la vez que permite que la razón sea dócil a la verdad de las cosas y a la fe para que se amolde a la verdad y guíe por el camino del bien a la afectividad. Todas las virtudes producen una *connaturalidad* de la facultad perfeccionada (en este caso del apetito sensible) respecto de su objeto propio (aquí, la pureza, lo afectivamente mesurado y honesto). Esta es la verdadera garantía para que la prudencia pueda luego dictar qué acto concreto realiza *libre, firme y gozosamente*, el acto casto exigido por cada situación. Por eso, solo con la virtud de la castidad la sexualidad queda integrada en la persona. Lo dice el *Catecismo de la Iglesia católica*: "la castidad significa la integración lograda de la sexualidad en la persona, y por ello en la unidad interior del hombre en su ser corporal y espiritual"[173].

Sin la castidad, la sexualidad se convierte en un elemento disgregador, pues la lujuria es, de hecho, una fuerza disociadora, como lo nota San Pablo haciéndose eco de lo que experimenta el hombre dominado por sus pasiones: "Pues yo sé que no hay en mí, esto es, en mi carne, cosa buena. Porque el querer el bien está en mí, pero el hacerlo no. En efecto, no hago el bien que quiero, sino el mal que no quiero. Pero si hago lo que no quiero, ya no soy yo quien lo hace, sino el pecado que habita en mí" (Rm 7, 18-20).

b) El pudor

Junto a la castidad, como auxiliar fundamental, es absolutamente necesario desarrollar el *pudor*, que "es una resis-

---

[173] *Catecismo de la Iglesia Católica*, nº 2337. El texto continúa: "La sexualidad, en la que se expresa la pertenencia del hombre al mundo corporal y biológico, se hace personal y verdaderamente humana cuando está integrada en la relación de persona a persona, en el don mutuo total y temporalmente ilimitado del hombre y de la mujer. La virtud de la castidad, por tanto, entraña la integridad de la persona y la totalidad del don".

tencia inconsciente a todo cuanto pueda descubrir en nosotros nuestro fondo instintivo. Cuando se hace consciente, tiende a excluir circunstancias y a frenar fantasías y comportamientos que empañan la dignidad espiritual del yo; es un medio eficaz para hacer brotar el amor auténtico en la vida sexual y para conservarla dentro de una casta armonía de la persona. El pudor está íntimamente ligado con la vida moral superior; es la expresión de la conciencia en el campo sexual, la cual es una reacción interior a todas las desviaciones del orden natural. Como tal, el sentido del pudor es protección de la personalidad y, por consiguiente, un valor de la más alta importancia pedagógica. *No se puede educar en la castidad sin desarrollar el sentido del pudor*"[174].

Lamentablemente a menudo no se tiene suficientemente en cuenta esta última afirmación que acabamos de citar. Sin embargo, el pudor verdadero (que no se confunde con la pudibundez[175]) es el verdadero protector contra la lujuria de la vista por donde se introduce, cada vez con mayor facilidad, el vicio de la curiosidad indecente y sobre todo el temible cáncer de la pornografía, tremenda miseria moderna que no perdona ni a solteros, ni a casados ni a consagrados[176].

La educación del pudor debe hacerse, sin embargo, de manera indirecta y positiva, no tanto insistiendo en la pecaminosidad de las miradas, gestos, vestimentas, etc., sino principalmente teniendo presentes modelos virtuosos, el gusto

---

[174] Congregación para la Educación Católica, *Orientaciones...*, n. 45. La cursiva es nuestra.

[175] Se denomina así al aparente pudor cuando se presenta desequilibrado o excesivo, causado en general por una falsa educación. La pudibundez no hace a las personas castas sino caricaturas de castidad. "La pudibundez es enemiga nata del pudor, como la beatería es enemiga de la religiosidad verdadera y consciente. El espíritu del adolescente se rebela y le molestan las ideas mezquinas y ruines" (Paganuzzi, *Purezza e pubertà*, Brescia [1953], 222. cf. Miguel Fuentes, *La castidad ¿posible?*, 87-88).

[176] Cf. Fuentes, Miguel, *Pornografía, Pornopatía*. Virtus 19, Edive, San Rafael (2012).

por la belleza en general y la belleza moral en particular, etc.[177]

c) Otras virtudes

Es más que evidente que no ha de bastar con la templanza y su consorcio vital (castidad, sobriedad, pudor, modestia, etc.), pues las virtudes son parte de un entramado organismo en el que unos hábitos se apoyan en —y se alimentan de— otros hábitos. No puede haber castidad sin *prudencia* que indique, de modo acomodado a cada situación particular, cómo debe encarnarse la pureza. Algunas virtudes, sin embargo, se exigen más que otras; por ejemplo, la fortaleza para vencer en las tentaciones, la discreción, etc.

Una virtud que es más que un auxiliar de la castidad es la *humildad*. Ambas pertenecen al mundo de la templanza, pero moderan apetitos diversos; el de placer la primera, el de sobresalir sobre los demás, la segunda. Pero la humildad juega un papel muy importante en la castidad. Quizá porque el celibato tiene una misteriosa correlación —de imitación— con el abajamiento de Cristo en su pasión (la humillación de la renuncia y muerte a sí mismo) y necesita, por tanto, ser vivido en el mismo espíritu de humildad. Por algo la espiritualidad cristiana siempre ha visto una relación estrecha entre la lujuria y la soberbia, como demuestran las palabras de san Isidoro de Sevilla: "De la culpa de la soberbia ordinariamente se cae en la inmundicia carnal, ya que una depende de la otra, pues así como mediante la soberbia de la mente se llega a la

---

[177] "La educación del pudor ha de ser indirecta y positiva. Utilícese a tal fin la tendencia imitativa de las personas, presentándoles modelos concretos y atractivos de virtud; edúquese su sentido estético, inspirándoles el gusto a la belleza presente en la naturaleza, en el arte, en la vida moral; y ayúdese a los alumnos a instaurar en sí mismos un sistema de valores espirituales que deben procurar aunar con un arrojo desinteresado de fe y dedicación" (Congregación para la Educación Católica, *Orientaciones...*, n. 45).

prostitución del placer, así por la humildad de la mente se salva la castidad de la carne"[178]. Los orgullosos corren serios riesgos de precipitar en alguno de los vicios impuros como castigo de su pecado espiritual; al respecto dice Santo Tomás: "De igual modo que en los silogismos que llevan a un imposible, a veces se convence uno [del error] por el hecho de ser llevado a la contradicción más manifiesta, así también, para escarmentar la soberbia de los hombres, Dios castiga a algunos permitiendo que caigan en pecados carnales, que, aunque son menos graves [que los espirituales], contienen un género de infamia más evidente. Por eso dice San Isidoro, en su obra *De Summo Bono*, que «la soberbia es peor que cualquier vicio, bien sea porque puede darse en personas de grado eminente o porque nace de obras de virtud y pasa más inadvertido a la conciencia. La lujuria es un pecado más corriente y de torpeza más clara, pero menos grave que la soberbia. Dios la permite a veces para despertar la conciencia del orgulloso a fin de que, una vez humillado, se levante». De aquí se deduce la gravedad de la soberbia, pues así como el médico sabio, para dar a la enfermedad un remedio más eficaz, deja que el enfermo caiga en una enfermedad más leve, así también se demuestra que el pecado de soberbia es mayor por el hecho de que, para remediarlo, Dios permite que el hombre caiga en otros pecados"[179].

De ahí que la castidad exija, al menos indirectamente, un corazón humilde.

3. La ascesis

"La formación para el sacerdocio, y especialmente para el celibato sacerdotal, requiere una ascesis; y no una ascesis genérica, sino una ascesis singular, superior a la exigida a los

---

[178] San Isidoro de Sevilla, *Sententiarum Libri Tres*, II, 39 (PL 83, 640).
[179] Santo Tomás, *S. Th.*, II-II, 162, 6 ad 3.

demás fieles y propia de los aspirantes al sacerdocio. Una ascesis severa, pero no sofocante, que sea ejercicio meditado y asiduo de las virtudes que hacen del hombre un sacerdote. Además, la vida sacerdotal exige una ascética interior y exterior verdaderamente viril, a fin de que pueda mantenerse la plena fidelidad a los compromisos adquiridos y tener la garantía de un feliz éxito"[180].

Lo exige el mismo trabajo en la maduración sexual: "no podrá alcanzarse una sexualidad madura (...) sin esfuerzos, renuncias o dificultades. El sujeto, en vía de madurez, debe luchar siempre, porque en cada momento tendrá que elegir entre la satisfacción de ciertas tendencias a menudo contrapuestas entre sí"[181].

Un aspecto particular de este trabajo ascético es la lucha contra el egoísmo, que se concreta en el "sano olvido de sí mismo"[182]. Siendo el celibato una "donación total" a Dios, es incompatible con toda entrega de sí mezquina o recortada. Por eso indica un texto magisterial: "No basta vivir materialmente el celibato, hay que amarlo sacerdotalmente. Sería una grave contraindicación para la vocación eclesiástica si un joven fuese egoísta, cerrado al afecto y preocupado exclusivamente de sí mismo y de sus propias conveniencias"[183]. El egoísmo es la fuente de todos los recortes en la entrega, pues es la búsqueda de sí mismo. Su forma más extrema es el narcisismo, "un síndrome actualmente en alza"[184]. El egoísta exige que primero los demás lo amen a él, y no él a los demás;

---

[180] Congregación para la Educación Católica, *Orientaciones...*, n. 53.
[181] Congregación para la Educación Católica, *Orientaciones...*, n. 21.
[182] Cf. Fuentes, M., *El olvido de sí*, en: *Naturaleza y educación de la humildad*, San Rafael 2010, Colección Virtus 12, 73-89.
[183] Congregación para la Educación Católica, *Orientaciones...*, n. 51.
[184] Cencini, *Por amor, con amor, en el amor*, 159. "El narcisismo es «la verdadera epidemia que se extiende por toda la tierra, y es la única enfermedad que el hombre debería temer realmente»", dice el autor, quizá con un poco de exageración (ibídem).

además exige ser amado con un amor absorbente. Chesterton llama al egoísmo "casarse con uno mismo"[185].

"Nadie puede hacerse la ilusión de guardar la castidad si en las demás esferas de la personalidad no se priva de nada, o carece de autodisciplina y ascesis"[186]. "El que cree que puede leerlo todo, sentirlo todo, verlo todo; el que renuncia a dominar su propia imaginación y sus necesidades afectivas no debe emprender el camino de la consagración. «Yo puedo leer todo y verlo todo sin peligro alguno y sin ninguna turbación». Cuando alguien dice eso, no puedo tomarlo en serio. Dios no podría mantenerse fiel a nosotros, ni se le puede exigir que nos procure una protección milagrosa"[187].

Por eso mismo, "los sacerdotes no descuiden aquellas normas ascéticas que han sido garantizadas por la experiencia de la Iglesia, y que son ahora más necesarias debido a las circunstancias actuales, por las cuales prudentemente evitarán frecuentar lugares y asistir a espectáculos, o realizar lecturas, que pueden poner en peligro la observancia de la castidad en el celibato. En el hacer uso de los medios de comunicación social, como agentes o como usufructuarios, observen la necesaria discreción y eviten todo lo que pueda dañar la vocación"[188]. Pienso, en particular, en el peligro de usar mal de dos medios que marcan el perfil de nuestra actual sociedad: la televisión (a lo que se puede asociar el cine) e Internet[189].

---

[185] "Si no se casa con Dios, como hacen nuestras monjas en Irlanda, usted tiene que casarse con un hombre, vale decir: conmigo. La tercera y única posibilidad que a uno le queda es la de casarse consigo mismo... vivir consigo mismo... consigo mismo, consigo mismo, consigo mismo... el único compañero que nunca está satisfecho... y nunca satisface" (G. K. Chesterton, *Manalive*).
[186] Cencini, *Por amor, con amor, en el amor*, 594.
[187] Ancel, A.; citado por Cencini, *Por amor, con amor, en el amor*, 594-595.
[188] Congregación para el Clero, *Directorio para el ministerio y la vida de los presbíteros*, 1994, n. 60.
[189] Véase lo que expone sobre el tema Nicholas Carr en: *Superficiales. ¿Qué está haciendo Internet con nuestras mentes?*, España (2011).

Esto implica educar el espíritu de renuncia y mortificación. Pero tal renuncia no debe restringirse al plano de las emociones directamente vinculadas con la esfera sexual o amorosa; precisamente la prudencia debe vigilar que no *focalicemos* el esfuerzo ascético en este campo, corriendo el riesgo de poner en el centro de la atención aquello que se enciende cuando se le presta excesiva solicitud. "El problema de la pureza no se resuelve haciendo de ella una idea fija y exclusiva, sino considerándola y viviéndola en las más altas razones de justicia y de caridad"[190]. Por eso la lucha ascética debe ensayarse también (y quizá pueda decirse "primeramente") en los otros campos de la afectividad y de las tendencias personales: imponiéndose a sí mismo mortificación en los movimientos de ira y venganza, en la curiosidad, en el dormir, en el comer, en el beber, en el uso de golosinas, en el fumar, etc.[191] Se trata de una cuestión lógica: el que no se controla en aquello sobre lo que fácilmente puede ejercer dominio, difícilmente lo hará en lo que exige de él una gran energía. Además hay una cuestión de fondo resaltada por toda la tradición moral y espiritual cristiana que puede expresarse en dos principios fruto de la experiencia: (1º) la falta de dominio en la comida y especialmente en las bebidas alcohólicas conduce a la lujuria; al menos perturba la imaginación y los sueños y debilita la voluntad; (2º) el que es incapaz de "negarse" en ciertos gustos y placeres, por ejemplo en el uso del tabaco, también tendrá problemas para vencerse respecto de las tentaciones más fuertes que el tabaco; aplíquese el ejemplo a otros campos.

---

[190] Congregación para la Educación Católica, *Orientaciones...*, n. 40.
[191] "La pedagogía de la castidad consagrada procurará (...) ayudar a controlarse en el plano sexual y afectivo, y también en lo que se refiere a otras necesidades instintivas o adquiridas (golosinas, tabaco, alcohol)" (Congregación para los Institutos de vida consagrada, *Formación de los religiosos*, Capítulo I, n. 13).

4. Cultivo del gusto por la belleza

Decíamos que el trabajo formativo debe ser fundamentalmente positivo: "Tenga presente el educador que el buen camino para educar sexualmente a los jóvenes es el de dirigirse a sus sentimientos más nobles"[192]. "Que el niño tenga placeres buenos, es decir, que encuentre placer en las cosas nobles, eso es casi toda la educación, dice Aristóteles"[193]. Los sentimientos más nobles son de orden espiritual, por lo que hay que apuntar a los valores espirituales y por ello mismo a los estéticos que hacen de *puente* hacia los valores esencialmente espirituales: "Edúquese su sentido estético [de los aspirantes al sacerdocio], inspirándoles el gusto por la belleza presente en la naturaleza, en el arte de la vida moral"[194].

"La formación estética, escribía el gran pedagogo san Alberto Hurtado, es necesaria no solo por motivos práctico-profesionales: una cierta inteligencia del arte, de los estilos, sino porque la requiere la formación total. A lo bello le corresponde un puesto tan esencial como a lo bueno y a lo verdadero. El mundo de los valores es indisoluble: en la persona se juntan simultáneamente los valores éticos, metafísicos y estéticos. En la idea de la perfección, lo verdadero debe ser bueno y bello. La santidad es la perfección total: lo verdadero, bello, bueno en uno"[195].

El P. Castellani resumió en algunas conclusiones el meollo de la educación de los sentimientos que, si bien se referían a los seminaristas, son —como él mismo indicaba— "aplicables a todo el mundo". Rescato dos en particular: "el seminarista necesita educación artística: el arte es uno de los caminos más obvios de la «sublimación de los instintos»"; la otra:

---

[192] Congregación para la Educación Católica, *Orientaciones...*, n. 36.
[193] Castellani, Leonardo, *Psicología humana*, 269.
[194] Congregación para la Educación Católica, *Orientaciones...*, n. 45.
[195] Hurtado, Alberto, *La formación del sacerdote*, en: "La búsqueda de Dios", Santiago de Chile (2004), 259-272

"necesita teatro: para aprender oratoria y para expresar las emociones, que es la manera de educarlas"[196].

El mal gusto tiene algún modo de incidencia en la vivencia de la castidad, porque la belleza, a su modo, purifica y eleva el alma; en cambio, el mal gusto incide, al menos indirectamente, dando materia para las inclinaciones torcidas del hombre, porque lo feo y el pecado tienen afinidad[197].

La belleza, por fin, ayuda la castidad porque la virginidad y el celibato son un testimonio de la belleza del mundo espiritual y de la belleza de Dios, y por tanto, debe ser llevado con gracia (belleza).

5. El desarrollo de la paternidad/maternidad espiritual

Se trata de un elemento fundamental cuya ausencia explica muchas crisis celibatarias. El grito de Raquel a Jacob: "Dame hijos que, si no, me muero" (Gn 30,1), pertenece a lo más profundo de la naturaleza del ser humano. Llevamos grabado en nuestros genes la capacidad y la *necesidad* de dar vida, y esta es una de las *inclinaciones naturales* más impetuosas porque, precisamente de ella, depende la existencia y perpetuación de la especie[198]. Precisamente hablando de las inclinaciones dice Santo Tomás: "impossibile est naturale desiderium esse inane: natura enim nihil facit frustra", es imposible que el deseo natural sea vano, pues la naturaleza no hace

---

[196] Castellani, Leonardo, *Psicología humana*, 248.

[197] Edgar Willems, que ha publicado numerosos trabajos sobre las bases psicológicas de la educación musical, decía sobre este arte en concreto: "El abuso de la música desequilibrada produce efectos desagradables... Ciertas músicas modernas, y no pensamos tan sólo en el jazz, pueden provocar un desequilibrio en el sistema nervioso. En cambio, muchas son las personas que al oír buena música han podido comprobar sus efectos terapéuticos" (*Las bases psicológicas de la educación musical*, Eudeba, Buenos Aires [1961], 190).

[198] Santo Tomás la señala como la segunda de las inclinaciones naturales, comunes a la naturaleza humana y animal: *S.Th.*, I-II, 94, 2.

nada en balde[199]. Su desarrollo está, pues, ligado a la madurez humana.

Pero es evidente que este deseo de fecundidad no se contrae en la biológica, pues no todos los hombres y mujeres pueden tener descendencia biológica por motivos muy diferentes en cada caso (algunos por ser llamados por Dios a la virginidad, otros por falta de oportunidad, algunos por incapacidades psíquicas, genitales, orgánicas, etc.). Pero la vida abre las puertas a muchos modos de paternidad: la de la adopción, la del magisterio, la de las obras de caridad. Quienes no están llamados a una paternidad o maternidad biológica, lo están, en cambio, a una adoptiva o a una espiritual. Todos están llamados a engendrar vida e hijos, ya sean hijos que pueden verse y acariciarse bajo la luz del sol, o hijos que se dan a luz en las tinieblas del dolor y de la fe (como quienes se ofrecen como víctimas, en la oración o en el dolor, por la conversión de las almas y las dan a luz en un parto místico pero realísimo).

Lo que es contrario a la naturaleza humana, y por tanto, también al celibato, es la esterilidad "consentida" o "voluntaria". Tal esterilidad es la marchitez del casado pero también la muerte del célibe. "El hombre tiende a ser padre y la mujer a ser madre, y quien no llega a serlo se autodestruye, «*quien a nada da vida, a sí mismo se da muerte*». Con todas las consecuencias posibles y probables: crisis de identidad y tensiones frustrantes, sensación de aislamiento y de alienación, fuga y búsqueda de compensaciones, sensación de insignificancia e ineficacia, fijación en la fase evolutiva de la adolescencia, etc."[200]

Ciertamente que la virginidad evangélica comporta la renuncia al matrimonio y por tanto a la paternidad física, pero

---

[199] Santo Tomás, *Suma Contra Gentiles*, II, 55. Explícitamente menciona aquí los deseos de conservación individual y específica.
[200] Cencini, *Por amor, con amor, en el amor*, 733.

no priva al ser humano de sus prerrogativas, pues se abre a la experiencia de una paternidad de cualidad diversa: la del espíritu. Y esta es más fuerte y duradera que la paternidad según la carne: "por la ley del celibato, el sacerdote, afirmaba Pío XII, lejos de perder la prerrogativa de la paternidad, la aumenta al infinito, como quiera que no engendra hijos para esta vida perecedera, sino para la que ha de durar eternamente"[201]. Juan Pablo II decía que "aun habiendo renunciado a la fecundidad física, la persona virgen se hace espiritualmente fecunda, padre y madre de muchos, cooperando a la realización de la familia según el designio de Dios"[202]. Y Benedicto XVI: "Cristo necesita sacerdotes maduros, viriles, capaces de cultivar una auténtica paternidad espiritual"[203].

Esta paternidad-maternidad espiritual no está fundada en los lazos de la carne y la sangre, sino en el vínculo sagrado de la caridad, y por eso establece una unión más poderosa, hasta tal punto que, en cuanto a la participación de la bienaventuranza por la caridad, "es mayor la alianza del alma del prójimo con la nuestra", que la de nuestra alma "con el propio cuerpo"[204].

Tal fecundidad es admirable porque es sobrenatural. Tiene como principio al Espíritu Santo y como modelo a María Santísima: "Dios Espíritu Santo, que... no produce otra Persona Divina en la divinidad... se hizo fecundo por María, su Esposa. Con Ella, en Ella y de Ella produjo su obra maestra, que es un Dios hecho hombre, y produce todos los días hasta el fin del mundo, a los predestinados y miembros de esta Cabeza adorable"[205].

---

[201] Pío XII, Enc. *Sacra virginitas*.
[202] Juan Pablo II, *Familiaris consortio*, 16.
[203] Benedicto XVI, *Discurso a los sacerdotes y religiosos en la Catedral de Varsovia* [25 de mayo de 2006], en: L'Osservatore Romano [26-27 de mayo de 2006], p. 7.
[204] Santo Tomás, *S.Th.*, II-II, 26, 5 ad 2.
[205] San Luis de Montfort, *Tratado de la Verdadera Devoción*, 20.

No debería sorprendernos que "la historia de los sacerdotes frustrados [sea] con frecuencia la historia de hombres frustrados"[206]. Y de hombres frustrados en su paternidad, pues esto es lo que significa el problema de la *soledad* que es una de las causas principales de abandono del sacerdocio[207]. No se trata, evidentemente, de la "soledad con Dios", que es siempre fecunda (*solus con Solo*, a solas con el Solo = Dios)[208]; se trata, por el contrario, de la soledad estéril. Y esta soledad, que termina en la frustración, puede ser culpable, y a menudo lo es.

En primer lugar es culpable cuando la esterilidad y la soledad sacerdotal provienen de la mezquindad. El que se busca a sí mismo se cierra a la vida, porque ser padres no es solo engendrar vida, ya que, como decía san Juan de Ávila en una célebre carta a Fray Luis de Granada, "no basta para un buen padre engendrar él y dar la carga de educación a otro, mas con perseverante amor sufrir todos los trabajos que en criarlos se pasan hasta verlos presentados en las manos de Dios, sacándolos deste lugar de peligro"[209]. No todos los padres tienen "espíritu de padres", decía el santo. Por eso continuaba con enorme realismo: "Con atención y casi sonriéndome leí la palabra que Vuestra Reverencia en su carta dice, que le parece dulce cosa engendrar hijos y traer ánimas al conocimiento de

---

[206] Congregación para la Educación Católica, *Orientaciones...*, n. 25.

[207] "En cada cuatro de cinco casos, el sacerdote se casa por problemas de aislamiento y de soledad" (National Opinion Research Center, *The Catholic Priests in the United States*, Washintong (1972), 272; citado por Cencini, *Por amor, con amor, en el amor*, 733.

[208] "El celibato es también una aceptación de la «soledad». Hay una soledad constitutiva, misteriosa, que forma parte de nuestra condición humana. En una situación de soledad es donde siempre se descubre mejor la propia identidad y las propias posibilidades, y se maduran las grandes elecciones de la vida. La soledad del celibato sacerdotal está llena de estos valores" ([208] Congregación para la Educación Católica, *Orientaciones...*, n. 49).

[209] San Juan de Ávila, *Carta* 1; Epistolario, en: *Obras completas del Santo Maestro Juan de Ávila*, Madrid (1970), 20-22

su Criador; y respondí entre mí: *Dulce bellum inexpertis* [*dulce es la guerra para quienes no la han vivido: Píndaro*]. El engendrar no más confieso que no tiene mucho trabajo, aunque no carece dél, porque si bien hecho ha de ir este negocio, los hijos que hemos por la palabra de engendrar, no tanto han de ser hijos de voz cuanto hijos de lágrimas, porque, si uno llora por las ánimas y otro predicando las convierte, no dudaría yo de llamar padre de los así ganados al que con dolores y con gemidos de parto lo alcanzó del Señor, antes que al que con palabra pomposa y compuesta los llamó por defuera. A llorar aprenda quien toma oficio de padre". Muchos estarían dispuestos a engendrar, así en el plano físico como en el espiritual, si traer hijos al mundo no fuese más que parir y pasar el trabajo formativo a otros. Pero ser padres, también en el espíritu, es un constante morir a uno mismo, y los que se apacientan a sí mismos no cargan con estas molestias; sabemos por el Espíritu Santo que estos son muchos (cf. Ez 34,2).

Otros tienen una esterilidad que es, para ellos, a un tiempo pena heredada y culpa personal. Heredada porque así los formaron, con una pastoral quizá febril pero estéril, que no busca el bien de las almas, ni su salvación eterna; cuanto mucho, se han convertido en buenos agentes sociales, pero esto, a la larga enmohece el alma. Porque la paternidad espiritual o es dar vida espiritual o es viento y humo.

Otros son estériles porque carecen de fe; y en algunos casos más que estériles son infanticidas, porque matan a sus hijos, a quienes, a pesar suyo, Dios llama por sus acciones *ex opere operato*, en las que actúan, *nolis velis*, en nombre de Cristo. Así alejan a los que se acercan a Cristo, les niegan los sacramentos, viven una vida litúrgica y espiritual mundana y neurótica, son espantapájaros en medio del jardín divino. Estos no son célibes, sino "solteros dedicados al culto"[210]. Son,

---

[210] Cencini, *Por amor, con amor, en el amor*, 739.

según la descripción de Leopoldo Marechal, "aquellos hombres estériles que acostumbran lanzar la baba de su escepticismo sobre la rosa virgen de cualquier entusiasmo".

Por eso la paternidad debe enseñarse desde los primeros instantes en que comienza la formación; primero con el propio ejemplo de los formadores respecto de los mismos formandos y de los de fuera, a través de su solicitud por las almas, y sobre todo haciéndose amar más que temer, como decía san Bernardo[211]; Don Bosco llamaba a esto *amorevolezza* (afabilidad, afecto, confianza, trato paternal[212]). En segundo lugar, con el trabajo apostólico, guiado y animado; y sembrando el ardor misionero en todo corazón cristiano.

---

[211] "Escuchen esto los prelados que prefieren siempre que sus súbditos les teman, pero no servirles. Aprended los que juzgáis la tierra. Entended bien que debéis ser madres y no señores. Intentad que os amen, no que os teman: cuando haya que recurrir a la severidad, ésta sea paternal, no tiránica. Mostraos como madres, alentando; como padres, corrigiendo. Sed mansos, deponed toda dureza, no uséis el látigo, mostraos entrañables; que vuestros pechos desborden la dulzura de la leche, y no se hinchen de soberbia" (San Bernardo, Sermón sobre el Cantar 23:2).

[212] Cf. San Juan Bosco, *Carta sobre el espíritu de familia*, en: *Obras Fundamentales*, B.A.C., Madrid (1978), 613-616.

TERCERA PARTE

DIFICULTADES Y SOLUCIONES EN EL CELIBATO

I

Algunas dificultades para vivir la vocación célibe

> *El conocimiento leal de las dificultades reales del celibato es muy útil, más aún, necesario, para que con plena conciencia se dé cuenta perfecta de lo que su celibato pide para ser auténtico y benéfico: pero, con la misma lealtad, no se debe atribuir a aquellas dificultades un valor y un peso mayor del que efectivamente tienen en el contexto humano y religioso, o declararlas de imposible solución* (Pablo VI, Sacerdotalis coelibatus, 52).

Las dificultades para vivir el celibato siempre han existido y son sustancialmente las mismas que enfrenta cualquier persona que pretenda practicar una vida virtuosa: "En el mundo de hoy, el celibato está amenazado por todas partes por dificultades especiales, que, por lo demás, han experimentado ya muchas veces los sacerdotes en el decurso de los siglos"[213]. Algunas provienen de fuera y otras del propio sujeto.

Entre las que amenazan del exterior menciono solamente dos. La primera proviene de fuera de la Iglesia, y es el ambiente socio-cultural que ha perdido la capacidad de comprender no ya el celibato sino la castidad, la fidelidad, el matrimonio, la monogamia, y la misma ley natural; el ambiente cultural hedonista y sexualizado, hace la virtud mucho más difícil que antaño, y solo pueden practicarla quienes están

---

[213] Sínodo de los obispos, *De sacerdotio ministerial*, 30 nov. 1971, AAS. 63 (1971), 917.

realmente determinados a vivir su castidad *en el mundo*, pero *sin ceder absolutamente un centímetro a los afectos del mundo*. En cambio, quienes esperan lograr una componenda equilibrada con el espíritu del mundo, se condenan a sí mismos a la claudicación que los alcanzará antes o después: "No te pido que los retires del mundo, sino que los guardes del Maligno. Ellos no son del mundo, como yo no soy del mundo" (Jn 17, 15-16). En las últimas décadas la prensa internacional (tomando pie, a veces, de casos reales) ha emprendido una encarnizada campaña contra la castidad consagrada, sobre todo la de los sacerdotes.

La segunda actúa desde dentro de la Iglesia, y es la "actividad del movimiento anticelibatario" de muchos teólogos y ex-sacerdotes: "la crisis del celibato tiene en gran medida su causa en la puesta en discusión del mismo por parte de los teólogos progresistas (...) El movimiento anticelibatario posee los más calurosos defensores entre aquellos teólogos que desde hace mucho tiempo se desinteresan de la cura de las almas y gozan de excelente posición económica. La vida burguesa y el darse a las teorías no son favorables a los dones de Dios. La denominada discusión abierta de los adversarios del celibato arranca a muchos sacerdotes la alegría y la seguridad de su estado y, por tanto, la fuerza de permanecer fieles a su abnegación"[214]. La impugnación del celibato ha sido uno de los puntos más acentuados por los enemigos que atacan a la Iglesia, en el fondo porque la debilitación de la teología del celibato repercute directamente en la relajación de la teología del sacerdocio católico.

Dejando de lado los ataques externos, quiero sobre todo mencionar las dificultades interiores y personales que dificultan la vivencia pacífica del celibato.

---

[214] Fabro, Cornelio, *La aventura de la teología progresista*, 282.

1ª La primera es la incapacidad de salir de sí mismo, es decir, de dejar de considerarse uno mismo el principal problema que tenemos que resolver. Esto caracteriza a las personas que viven girando sobre sus propios miedos, preocupaciones, esperanzas, dudas, etc. En el caso más extremo tenemos los narcisistas, de los que ya hemos hablado. Sin llegar a este punto, sufren parecido "bloqueo" quienes no pueden olvidarse sanamente de sí mismos. Jamás se insistirá demasiado en el poder terapéutico y estabilizador que tienen, para cualquier personalidad y dificultad psíquica, la humildad, el olvido de sí y el verdadero deseo de vivir escondidos en Dios. El orgullo, la vanidad, el afán de figurar y de ser tenidos en cuenta, etc., producen serias perturbaciones que pueden tener repercusiones en los campos más inesperados, incluido el de la esfera sexual.

2ª La segunda dificultad es la dependencia de otra(s) persona(s). Esta puede ser activa o pasiva, es decir, encuadrándose como una sobreprotección o como sumisión y sometimiento indebido. Este problema se ve con más frecuencia entre las mujeres, pero no es extraño encontrarlo también entre varones, sobre todo aquellos que tienen una sensibilidad exacerbada. A veces se crea una relación simbiótica sin connotaciones eróticas, pero igualmente abusiva. Afecta seriamente la libertad personal y sobre todo, la entrega total del corazón a Dios, como corresponde a la vocación célibe. Los autores espirituales del pasado advirtieron constantemente contra este obstáculo para la vida consagrada. Nos hemos referido a él al hablar de las "amistades particulares".

3ª Indico también algunos defectos que se relacionan estrechamente con la dificultad para vivir la castidad y el celibato. Son defectos que influyen haciendo al ser humano persona más o menos *vulnerable* a la lujuria. El primero es la *su-*

perficialidad que hace de la persona un ser tornadizo, inconstante, incapaz del reposo sosegado en el bien. Este vicio se opone directamente a la virtud de la prudencia. El superficial es a menudo simpático, ocurrente, atractivo, pero de corazón voluble, como las mariposas que revolotean en torno a la lámpara... y terminan achicharrándose en ella. A menudo la superficialidad se relaciona con una primacía de la vida sensible en detrimento del mundo interior, y esto trae como consecuencia mucha propensión a los deleites sensibles que fácilmente se transforman en goces carnales efímeros.

Otro defecto serio es el *espíritu mundano*, es decir, la inclinación a la ambición, a las honras, a los puestos, a las dignidades, a las riquezas, al poder... todo lo cual trae amalgamado el desorden sexual o, al menos, una gran sensualidad donde la lujuria se abre fácilmente camino. En el consagrado se presenta como un estilo de vida laicizado: costumbres, vestimentas, hábitos, espiritualidad y criterios seculares.

También la soledad es terreno propicio para los conflictos afectivos y sexuales. Me refiero a la mala soledad, la del aislamiento, el repliegue sobre uno mismo. "La soledad (...) es probablemente el obstáculo más serio para la castidad del soltero", dice Groeschel. La soledad mal vivida puede convertirse en ocasión de deseos sexuales indeseados o incluso en una fuente de compulsión sexual. Porque la soledad puede estar —y a menudo sucede así— emparentada con la frustración y el desprecio de sí mismo, generando aburrimiento, tensiones y ansiedad que a veces empujan al vicio.

También señalo como peligroso terreno el sentimiento de *autocompasión*. "Cuando una persona está colmada de autocompasión, incluso cuando este sentimiento es en parte comprensible por las circunstancias, existe la posibilidad real de una regresión o retorno a conductas infantiles. El vicio sexual, especialmente el autoerotismo, es particularmente común entre los que están dominados por la autocompasión. Todos atravesamos ataques de autocompasión —lo que mi abuela irlandesa solía llamar «festines de piedad». Sin embargo la gente seria y sensible —los únicos que probablemente sigan un llamado a la vida célibe— son particularmente proclives a la autocompasión. Sin cónyuge o hijos que los distraigan, hay más probabilidad de que un célibe se abandone a la autocompasión"[215].

Finalmente, indico el *resentimiento*, la *ira* y la *rabia*. "Un número sorprendente de buenos cristianos viven cargados de ira contra el mundo, contra sí mismos y, en última instancia, contra Dios. Su bronca suele estar enterrada en lo más profundo manifestándose como frustración y depresión. También puede exteriorizarse en alguna de las cuatro formas de actividad sexual que hemos identificado más arriba [*relación amorosa ilícita, sexualidad desordenada sin amor, masturbación y desviaciones sexuales*]. La conducta sexual de este tipo es por lo general un autocastigo que empuja a la persona a actuar de tal modo que hasta el escaso placer que procura se vuelve penoso. Tal persona, de hecho, está atrapada en las garras de una compulsión, que es una expresión distorsionada de la sexualidad. Esta situación requiere, generalmente, psicoterapia..."[216]

4ª Finalmente señalo los obstáculos que provienen de la dificultad para entregarse y abandonarse. Puede tratarse de impedimentos para entregarse a los demás, a una obra apostólica, a una dedicación concreta, o incluso para abandonarse en las manos de Dios. Provienen de temores y desconfianzas, y a menudo nacen de un conflicto para comprender la Paternidad divina, de donde nace el freno para ponerse incondicionalmente en las manos de Dios. También afecta la vivencia del celibato consagrado que solo se entiende totalmente como entrega total y confiada a Dios quien es capaz de (y quiere)

---

[215] Groeschel, *The Courage to Be Chaste*, 71.
[216] *Ibídem*.

transformar la renuncia del virgen en una fecundidad de orden superior. Este aspecto de la entrega célibe puede ilustrarse más que adecuadamente en el sacrificio que Dios pide a Abraham. Al pedirle a su hijo —el hijo de la Promesa, hijo de Sara— Dios pide a Abraham "todo", porque Isaac es, para su padre, "todo". Ninguna otra renuncia de las pedidas por Dios al anciano patriarca, le ha costado como ésta: ni el dejar su patria, ni el separarse de su familia. Dar a su hijo significa, para Abraham, poco menos que arrancarse el corazón. Pero decide entregarlo, primero porque sabe que no debe negarle nada a Dios, y segundo, porque sabe que "poderoso es Dios aun para resucitar de entre los muertos" (Hb 11,19). Abraham *cree* a Dios que se ha comprometido a darle descendencia *por Isaac*; por tanto, está convencido que se la dará *por Isaac*, incluso si para eso *tiene que resucitarlo de entre los muertos*. Y Dios no le falla, haciéndolo fecundo por encima de todo cálculo humano. El célibe también entrega a Dios su descendencia; es decir, la que podría llegar a tener, a la que renuncia por una fecundidad superior, espiritual. Por eso el celibato no puede ser comprendido sin una adecuada concepción de la *paternidad* y de la *maternidad* espiritual. El celibato no es un llamado a la esterilidad, sino a la fecundidad espiritual.

El bloqueo en la propia entrega produce celibatos vividos de modo parcial y recortado; es decir, una vida consagrada vivida como una "carrera eclesiástica" o al modo de un "funcionario", o sin "afán de descendencia espiritual". Hay muchos célibes que no son ni padres ni madres espirituales, sino más bien vientres secos, incapaces de engendrar vida; e incluso marchitan todo tipo de vida: no suscitan vocaciones (propiamente las ahuyentan), no forman escuela ni discípulos bajo ningún aspecto, no dan origen a ninguna obra apostólica ni se embarcan en las que otros han gestado; y, sobre todo, carecen de aquella "preocupación por todas las Iglesias" (2Co 11,28) —el corazón misionero— que caracteriza al verdadero apóstol.

II

Algunos mecanismos defensivos de quienes comienzan a vivir mal su celibato

> *Es señal de realismo psicológico pensar que el sacerdote, como todo hombre, está sujeto a las crisis comunes del desarrollo humano y a las dificultades especiales de su condición: crisis y dificultades afectivas, sexuales, de relación con la autoridad, de inserción en la Iglesia y en el mundo, y de orden espiritual* (Congregación para la Educación Católica, *Orientaciones...*, n. 67).

Las personas célibes que empiezan a vivir resbaladizamente su celibato generan, como le ocurre a la mayoría de quienes se encuentran en un brete, mecanismos que eluden la verdadera solución del problema. Se los denomina mecanismos *defensivos*, defienden las actitudes ambiguas o erróneas que mantienen instalada a la persona en un modo de vida altamente riesgoso para el celibato, cuando no en abierta contradicción con el mismo. Son semejantes a los que generan las personas esclavas de adicciones —en particular las sexuales— constituyendo los principales obstáculos para poder solucionar sus problemas[217].

El primero es la *negación* de la mala o peligrosa situación[218]. Se llega a esto cuando se vive la propia vocación de modo mediocre y tibio, pues estos problemas del alma van

---

[217] He tratado más ampliamente de este tema en el contexto de la adicción sexual en: Miguel Fuentes, *La trampa rota*, 135-161.
[218] Cf. Cencini, *Por amor, con amor, en el amor*, 661-662.

acompañados de un ofuscamiento de la inteligencia (*haebetudo mentis*, embotamiento mental) que impide ver con claridad los malos estados del espíritu. El problema de la negación afecta fuertemente a quienes padecen de juicio propio, de terquedad y de desobediencia.

El segundo y quizá más común, es la *racionalización* o *justificación*[219]. La menciona Pablo VI al referirse al celibato diciendo: "guárdese bien [el sacerdote] de buscar justificaciones espirituales y apostólicas a las que, en realidad, son peligrosas propensiones del corazón"[220]. Bajo este aspecto me parece acertado lo que dice Cencini: "la honradez consigo mismo es todavía más importante que el heroísmo para vivir a fondo el celibato"[221]. La racionalización es una tergiversación de la realidad por la que se designan las cosas con falsos nombres de modo tal que no nos causen sobresaltos. Es así que a las "ocasiones de pecado" se las puede llamar "necesario descanso", a las "amistades peligrosas" se les quita el calificativo dejándolas en "amistades" a secas, a las "ternuras" se las llama "comprensión", "espíritu paternal" pasa a ser el apelativo de caricias y melindres, y se disfraza de dirección espiritual lo que roza ya el flirteo enmascarado. No debemos olvidar que estamos *siempre* ante un celibato desmadejado cada vez que comiencen a perfilarse cualquiera de estos síntomas respecto de una persona concreta del otro sexo: 1º anhelo o necesidad de verla o estar con ella/él; 2º deseos de exclusividad; 3º impaciencia o ansiedad; 4º celos; 5º demasiada importancia otorgada a esta amistad o relación; 6º pensamiento absorbente de esa persona; 7º pérdida de tiempo y energía para las obras apostólicas; 8º tristezas por la ausencia o por la dificultad para ver a esa persona, etc.

---

[219] Cf. Cencini, *Por amor, con amor, en el amor*, 662-664
[220] Pablo VI, *Sacerdotalis coelibatus*, 77.
[221] Cencini, *Por amor, con amor, en el amor*, 663.

Un modo peligrosísimo de racionalización, que menciono aparte, es la *espiritualización*[222]. Se da especialmente cuando las normas de la prudencia y del pudor se han extraviado y se cae en la necedad de confundir la paternidad espiritual con la carnal. El trato de un sacerdote con las almas es un trato ciertamente de paternidad, pero no se trata de la paternidad de la sangre. Las hijas e hijos del alma son engendrados por la gracia, no por la carne y deben ser tratados desde la perspectiva de la gracia y no de la carne. De aquí que la confianza filial entre un dirigido/a y su director, no pueda ser completamente equiparada con la confianza que tiene un padre con un hijo/a carnal. Olvidar esta regla fundamental puede hacer degenerar la paternidad espiritual en una especie de amorío y dependencia sentimental. Cuando se quiere justificar este tipo de trato exageradamente confianzudo como si realmente estuviese limitado al campo espiritual, entramos en el terreno del grosero sensualismo que suele pagarse con caídas en el vicio de la lujuria.

La tradición popular ha acuñado un dicho de gran sentido común que podría haber salvado a muchos incautos, si lo hubiesen tenido más grabado en sus conductas: "entre santa y santo, pared de cal y canto".

---

[222] Cf. Cencini, *Por amor, con amor, en el amor* habla de él llamándolo *sublimación*: 666.

III

Respuestas erradas y soluciones apropiadas a las tentaciones contra el celibato

> *El amor santo no sabe de frecuentes regalillos, y pañizuelos, y cintitas y telas que se aplican a la cara, comidas probadas antes y tiernas y dulces cartitas. Requiebros como «miel mía», «lumbre de mis ojos», «deseo mío» y demás necedades que pasan entre enamorados, todos los deleites y donaires y cortesías ridículas, cuando las oímos en las comedias nos avergonzamos, en los hombres seglares las abominamos. ¡Cuánto más en los clérigos, y en clérigos monjes, cuyo sacerdocio se realza por la profesión monástica, y la profesión monástica por el sacerdocio! Y no digo esto porque tema nada semejante en ti o en los santos varones, sino porque en toda profesión, en todo orden y sexo se encuentran buenos y malos, y el vituperio de los malos es loa de los buenos* (San Jerónimo, Carta a Nepociano, presbítero: "Trato con mujeres", Ep. 52,5).

Tarde o temprano, al célibe se le presentan tentaciones *como a cualquier otra persona*[223]. La teología de la tentación

---

[223] El P. Mendizábal, en su obra *Dirección Espiritual. Teoría y Práctica* (Madrid [1982], 307-332), estudia las diversas crisis por las que puede llegar a pasar una persona en materia de castidad por razón de la natural evolución personal (fisiológica o psicológica). Así, por ejemplo, el nuevo despertar de la sexualidad que suele aparecer entre los 20 y los 30 años; las sensaciones de frustración, de soledad, de falta de complemento afectivo y de felicidad familiar, que algunas personas experimentan en el lapso que va de los 30 a los 40 años (el llamado *demonio del mediodía*, o *tentación meridiana*, propia de la mitad de la vida humana); la impresión de "esterilidad" que a veces asalta entre los 40 y los 50 (con el consiguiente temor al envejecimiento y al decline de la vida y las tentaciones de probar si todavía persiste la capacidad de atraer al sexo opuesto); finalmente, entre los 50 y los

la supongo conocida, además de bien presentada por los escritores espirituales. Me limito a recordar algunas respuestas desacertadas que, por tales, se cobran un alto precio de quienes apelan a ellas en su combate espiritual[224]. Completo con esto lo dicho en el punto anterior.

1º El primer yerro consiste en la *falta de realismo*: "sobre todo cuando la tentación roza el verdadero enamoramiento, hay quien cree que es un signo evidente de que no hay vocación. La crisis afectiva es, en este caso, crisis de percepción y de interpretación de la realidad, que origina un equívoco de consecuencias destructoras para la propia identidad y verdad, así como para la relación entre el hecho de la tentación y el contenido de la propia vocación: «Estoy enamorado (o siento una fuerte sensación afectiva), *luego* no soy llamado al celibato consagrado». El factor esencial de la crisis, rigurosamente hablando, no es la tentación afectiva como tal, sino el «luego», la falta de lógica y el equívoco automatismo entre la tentación y la convicción de haber emprendido un camino equivocado, teniendo que tomar otro camino (...) Quizá no sea aventurado afirmar que más de uno de entre el nutrido grupo de ex-sacerdotes, ex-religiosos o ex-religiosas decidió cambiar de vida por no haber entendido (o por no haber entendido correctamente) el hecho de la tentación"[225].

60, las crisis más fisiológicas, caracterizadas por la fragilidad orgánica, que se manifiestan como tendencia a la abulia, irritabilidad constante, avidez material desenfrenada y pretensión de que los demás hagan lo que uno quiere. Las edades que indicamos son, evidentemente, solo aproximativas; varían de individuo a individuo. Se trata solo de dificultades *posibles* que no afectan a todos, pero sí a muchos, y que hay que saber afrontar con una apropiada dirección espiritual. Puede verse al respecto también: A. Miotto, *Le crisi dell'uomo e della donna*, Milano (1955); M. Solé, *Las crisis espirituales*, Manresa 30 (1958), 246ss; A. Roldán, *Las crisis de la vida en religión*, Madrid (1961).

[224] Sigo con libertad lo que señala Cencini, *Por amor, con amor, en el amor*, 941-951. Añado otras cosas y corrijo algunos puntos en que no estoy totalmente conforme con lo que expone el autor.

[225] Cencini, *Por amor, con amor, en el amor*, 941-942.

"Hay otra forma de racionalizar (...) Es la de aquel que tiene vagos conocimientos de psicología y que descubre (o cree descubrir) en el origen de su vocación influjos dudosos o motivaciones poco auténticas y no del todo trasparentes, por ejemplo, el empujón o el anhelo de su madre o de otras personas, el deseo de huir de su casa, el sueño ingenuo de su infancia, el miedo al sexo o al mundo, etc. El mecanismo racionalizador lleva una vez más a una conclusión inadecuada y carente de lógica, más o menos como ésta: «Puesto que entre los motivos que hicieron nacer en mí la vocación hay algunos poco auténticos y que no están en sintonía con el sentido de la consagración, mi vocación religiosa o sacerdotal no existe en absoluto». ¡Como si no fuera normal que cualquier ideal o proyecto vocacional tengan fallos en sus «comienzos», sean vulnerables o contengan motivaciones no del todo auténticas! ¿Es que la formación no es acaso un proceso de purificación, precisamente de las motivaciones vocacionales menos maduras, que tiene que ser progresiva y que, hablando con rigor, jamás termina? (...) En ambos casos lo que hay es *crisis de realismo*, incapacidad para entender realmente lo que uno es y su propia historia"[226].

2º El *voluntarismo*[227]. Segundo error: limitarse a resistir por medio de la oración, de la huida del otro sexo, entregándose por entero al trabajo, tratando de distraerse y olvidar la tentación. Esto está bien como primer paso, pero no basta. Si la lucha se limita a esto lleva, por una parte, a una reducción, a una postura defensiva y a un entumecimiento; y, por otra, a un encerramiento sobre sí mismo. En esta forma de encarar la lucha prima el *temor* de perder la vocación. Hace falta *completar* esta necesaria defensa viendo la tentación como una *oportunidad de mostrar a Dios* que lo hemos elegido a Él, por

---

[226] Cencini, *Por amor, con amor, en el amor*, 942-943.
[227] Cf. Cencini, *Por amor, con amor, en el amor*, 944-945.

lo que Él es, y que no nos arrepentimos de haberlo dejado todo por Él. De este modo, la tentación adquiere su verdadero sentido (tentar significa "probar", "tantear"), es decir, nos ayuda a sondear nuestro amor hacia Dios y nos da la oportunidad de reafirmarlo.

3º Las *componendas*. Aquí estamos no solo ante un error sino frente a una claudicación o a un comienzo de rendición. Consiste en vivir el celibato de modo ambiguo. "En la base de este compromiso está la duda sobre el valor del celibato como ideal de vida (...) Esta crisis comienza realmente cuando estos planteamientos sobre el ideal empiezan a influir en la conducta, primero en forma de pequeñas concesiones, en gratificaciones afectivas, y después como verdaderos y auténticos compromisos. Es entonces cuando se forma ese círculo vicioso tantas veces amargamente constatado en jóvenes consagrados de ambos sexos: la conducta ambigua lleva a saborear el fruto prohibido; este saboreo, precisamente por ser «parcial», por ser «solo» un saboreo, aumenta el hambre y refuerza el deseo, pero esto ya es bastante sobre todo para condicionar el modo de pensar y de juzgar de la persona"[228]. Con estas actitudes comienza a vivirse, quizá sin una plena conciencia al inicio, una doble vida.

4º Las respuestas *que no nacen de la fe*. "En otros sacerdotes, religiosos y religiosas jóvenes la crisis afectivo-sexual es un auténtico ciclón que se lleva todo por delante, incluso la fe (...) Afecta todo, desde la virginidad hasta el sentido de la relación con Dios (...) Estas crisis surgen a menudo poco después de la profesión perpetua o de la ordenación sacerdotal (...) Lo más desconcertante es la ausencia casi total de reacción del organismo espiritual, que está absolutamente deci-

---

[228] Cencini, *Por amor, con amor, en el amor*, 945-948.

dido a cortar de un tajo todo vínculo con su vivir y opción anteriores (...) En la parábola del sembrador, estos jóvenes serían el «terreno rocoso, donde hay poca tierra» (...) Lo más débil en estos casos es la estructura del acto de fe, su capacidad para ocupar el centro de la persona (...) En este tipo de personas, la fe no informa ninguna de las actitudes estratégicas básicas"[229].

En realidad, me parece que la crisis arrastra hasta la fe, porque no se responde desde la fe a los primeros amagues de la tormenta. Ninguna tempestad se desata sin cierto anuncio previo; y es allí donde se debe responder desde la fe. Lamentablemente, la formación espiritual que apuesta fundamentalmente a la emoción sensible, no trabaja —o lo hace insuficientemente— las purificaciones de la fe, que son *esenciales en el camino espiritual*, como ha demostrado san Juan de la Cruz. Sin una labor seria en el terreno de la fe, toda respuesta a la tentación será inevitablemente *humana*: quizá sea desde la psicología, o desde el afecto, o desde motivaciones buenas pero frágiles. Pero todo esto no es más que enfrentar un huracán protegidos por un paraguas.

En todo caso es una seria responsabilidad de los superiores y formadores (y en particular del director espiritual) descubrir la ausencia de las respuestas desde la fe en sus súbditos y dirigidos, anticipándoles que, de no trabajar de modo urgente este hábito y el espíritu de fe, podría preverse un futuro naufragio[230].

---

[229] Cencini, *Por amor, con amor, en el amor*, 948-950.

[230] No me refiero tanto a la virtud de la fe como adhesión a Dios que revela y a las verdades reveladas por Él, sino al ejercicio de lo que se denomina "espíritu de fe". Esta expresión designa un modo de juzgar el mundo, la propia persona, las realidades temporales y las sobrenaturales, *desde los principios de la fe*. Este juicio supone el estado de gracia porque implica la iluminación de los dones del Espíritu Santo de ciencia y entendimiento, que no actúan sino en la persona en gracia. A este espíritu se refiere san Pablo cuando dice "el hombre de espíritu lo juzga todo... Nosotros tenemos la mente de Cristo" (1Co 2,12-16). Es juzgar con la inteligencia de Jesucristo. El espíritu de fe juzga, es decir, *mide* todo a la luz de tres criterios

5º La respuesta correcta a la tentación es lo que algunos autores, como Lallemant, han llamado "la segunda conversión". Porque la vida espiritual es algo dinámico que está siempre en movimiento, como la vida en todos los órdenes (en las plantas, en los animales y en los espíritus). Por eso se dice: "En el camino de Dios, quien no avanza retrocede". El llamado a esta nueva conversión está cifrado en esas tentaciones que hacen trastabillar la vida espiritual o, en el caso que consideramos, la consagración virginal. Por la primera conversión la persona se consagra al servicio de Dios; por esta segunda se entrega completamente a Dios. Jesucristo alude a ella al decirle a Pedro: "Simón, Simón, he aquí que Satanás te ha buscado para zarandearte como al trigo; pero yo he rogado por ti a fin de que tu fe no desfallezca, y tú, cuando te hubieres convertido, confirma a tus hermanos" (Lc 22,31-33). Lamentablemente, como señalaba el P. Lallemant, esta segunda conversión no se realiza en todos los cristianos siendo la culpa de ellos mismos. Sin embargo, es necesaria para la santidad. En la vida espiritual ocurre lo mismo que en la material: si un niño deja de crecer por alguna enfermedad, no sigue siendo niño sino que se convierte en un enano. Lo mismo se diga para el alma: si esta deja de crecer se convierte en lo que se llama un alma "retrasada".

---

fundamentales: 1º el de *la dependencia de Dios*: todo depende de Dios por lo que "ni siquiera un cabello de la cabeza cae sin el permiso de Dios" (Lc 21,18); 2º el de la *providencia amorosa de Dios*, según el cual juzga que todas las cosas, incluso el dolor, la persecución y el mal, ocurren para el bien de los elegidos (cf. Rm 8,28); 3º el de *la centralidad de Dios y de Cristo*, por el cual está convencido que "el mundo, la vida, la muerte, el presente, el futuro" nos pertenece, pero nosotros somos "de Cristo y Cristo es de Dios" (1Co 3,21-22), es decir, no nosotros sino Cristo es el centro de la Historia, el punto de referencia del Plan de Dios Padre (cf. Col 1,13-20), y, por tanto, lo único importante. A partir de aquí el hombre de fe sopesa todas las cosas: el dolor, la vida y la muerte, la vocación, la persecución y la tranquilidad, la patria, la familia, el logro de sus planes o el fracaso de los mismos, la amistad y el amor.

Esta segunda conversión se realiza por medio de la purificación activa, es decir, por medio de la mortificación y de la purificación de los sentidos. En la vida de san Pedro comenzó en el momento en que saliendo fuera del Pretorio comenzó a llorar amargamente su traición. Por eso debemos abrazar con toda generosidad las pruebas a las que Dios nos somete por gracia y no ser esquivos y cobardes ante la penitencia; especialmente ante la mortificación de nuestras pasiones desordenadas y la custodia de los sentidos.

Son muchos los motivos en que se inspira esta conversión, pero el más importante es el precepto de Dios: "amarás al Señor tu Dios con todo tu corazón, con toda tu alma". No amamos con un corazón total; generalmente estamos apegados a nuestra satisfacción personal y buscamos a Dios con mezcla de mucho interés propio. Pero este no es el amor propio de la amistad ni el amor de filiación. Debemos, pues, purificar el amor.

Los frutos de esta segunda conversión son muchos: un comienzo de contemplación mediante la inteligencia progresiva del gran misterio de la Cruz; una unión con Dios más independiente de las fluctuaciones de la sensibilidad, más pura, más fuerte y más continua; también se sigue, si no la alegría, al menos la paz que se establece poco a poco en el alma incluso en la adversidad.

El acto fundamental de esta conversión es el arraigo de lo que san Ignacio llama "el segundo grado de humildad" por los motivos que expondré en el capítulo siguiente.

IV

El origen último de las crisis [celibatarias y otras] y su solución

> *En casos más o menos anormales, se han de aplicar intervenciones especializadas y soluciones adecuadas (*Congregación para la Educación Católica, Orientaciones..., n. 5*).*

Una frase escrita por san Ignacio de Loyola en su Directorio Autógrafo para los Ejercicios Espirituales arroja una importante luz sobre las crisis que afectan no solo al célibe, sino a toda vocación, incluso la matrimonial. Escribe el santo en su *Directorio acerca de las elecciones*[231]: "Primeramente se debe insistir en que entre en las elecciones, el que las ha de hacer, con entera resignación de su voluntad; y, si es posible, que llegue al 3º grado de humildad, en que de su parte esté más inclinado, si fuese igual servicio de Dios, a lo que es más conforme a los consejos y ejemplo de Cristo nuestro Señor. Quien no está en la indiferencia del 2º grado, *no está para ponerse en elecciones, y es mejor entretenerle en otros ejercicios hasta que venga a ella*"[232].

---

[231] Por "Elecciones" se entiende aquí las reglas que da san Ignacio en sus Ejercicios Espirituales para hacer una elección ordenada: "Para tomar noticia de qué cosas se debe hacer elección" (Ejercicios Espirituales, n. 169-188) y las reglas "para enmendar y reformar la propia vida y estado" (Ejercicios Espirituales, n. 189). Las primeras reglas se usan para hacer cualquier elección importante, desde la elección de la vocación, a la elección de carrera, etc. Las últimas apuntan a reformar la vida por parte de quienes ya tienen decidida su vocación.

[232] San Ignacio, *Directorio autógrafo de Ejercicios*, n. 17. En: San Ignacio de Loyola, *Obras completas*, Madrid (1977), 297.

Para entendernos, digamos una palabra sobre estos "grados de humildad". Se refiere Ignacio a lo que propone en sus *Ejercicios* como "Tres maneras de humildad" (nn. 165-168). Se trata de tres formas o maneras de obediencia y de servicio a Dios nuestro Señor. Ya vimos en el texto citado del *Directorio Autógrafo* que las considera allí como *grados*, aunque en el *Libro de los Ejercicios* se hable de *maneras* de humildad.

El Dr. Pedro Ortiz, que fue embajador de Carlos V, hizo en 1538 los Ejercicios durante cuarenta días en el monasterio de Monte Casino bajo la guía de San Ignacio. De él se conservan algunos apuntes en los que se refiere al texto ignaciano, y dice allí: "para que el hombre se aficione más a ymitar la verdadera doctrina de Christo nuestro Señor, aprovecha mucho considerar y advertir en las siguientes *tres maneras y grados de amor de Dios* y deseos de *obedecer* y *ymitar* y *servir* a su divina majestad"[233]. Son por tanto, "maneras y grados de amor a Dios, de obediencia y de imitación".

El primer grado o primera manera de humildad equivale al "amor fundamental" implicado en el primer mandamiento —con su doble portada hacia Dios y al prójimo— según lo expone el mismo Jesucristo: "«Ama al Señor tu Dios con todo tu corazón, con toda tu alma y con toda tu mente». Este es el más importante y el primero de los mandamientos. Pero hay un segundo semejante a éste: «ama a tu prójimo como a ti mismo». De estos dos mandamientos dependen toda la ley y los profetas" (Mt 22,37-40). Este grado supone que la persona está dispuesta a dar la vida antes que quebrantar el precepto divino con un pecado mortal.

El segundo grado o manera de humildad implica la determinación de evitar el pecado venial deliberado. Dice el texto ignaciano: "si yo me hallo en tal punto que no quiero ni me afecto [= apego, inclino] más a tener riqueza que pobreza,

---

[233] *Miscelánea Comillas,* 25 (1956) 41; MI Exerc., 635.

a querer honor que deshonor, a desear vida larga que corta, siendo igual servicio de Dios nuestro Señor y salud de mi ánima; y con esto, que por todo lo criado, ni porque la vida me quitasen, no sea en deliberar de hacer un pecado venial". Es la actitud de lo que Ignacio llama "tercer binario" (la persona con una voluntad decidida y eficaz para hacer lo que haya que hacer en servicio de Dios, sin condiciones ni rebajas[234]). En el *Directorio Autógrafo* habla de *indiferencia del 2º grado*, lo que significa "grande libertad": la persona no está atada ni condicionada por sus costumbres o hábitos *ni aun a lo que puede ser materia leve de pecado*.

El tercer grado o manera de humildad es la humildad perfectísima que supone los dos grados anteriores (o sea, la determinación a no cometer pecado mortal ni venial por nada del mundo y una voluntad decidida y eficaz de cumplir en todo la voluntad de Dios) pero añade un toque heroico: quiere imitar a Cristo en su cruz, en su desprecio, en su dolor, *incluso si Dios se viese igualmente servido en caso de ir uno por el camino de la humillación y del dolor, como si fuese por otro camino menos áspero*. Por tanto, estamos aquí ante la "locura de la cruz".

Volvamos ahora a nuestro texto. Decía San Ignacio que "quien no está en la indiferencia del 2º grado, no está para ponerse en elecciones". En otras palabras: *no tiene condiciones para hacer una elección recta quien no haya alcanzado la de-*

---

[234] "3º *binario*. El 3º quiere quitar el afecto, mas así le quiere quitar, que también no le tiene afección a tener la cosa adquirida o no la tener, sino quiere solamente quererla o no quererla, según que Dios nuestro Señor le pondrá en voluntad, y a la tal persona le parecerá mejor para el servicio y alabanza de su divina majestad; y entretanto quiere hacer cuenta que todo lo deja en afecto, poniendo fuerza de no querer aquello ni otra cosa ninguna, si no le moviere sólo el servicio de Dios nuestro Señor, de manera que el deseo de mejor poder servir a Dios nuestro Señor le mueva a tomar la cosa o dejarla" (San Ignacio, *Ejercicios Espirituales*, n. 155).

terminación de evitar el pecado venial deliberado. Y recomienda que se lo entretenga haciendo otros ejercicios (oraciones, meditaciones, etc.) hasta que alcance este estado; de lo contrario no elegirá bien.

De aquí se sigue que existe una estrechísima relación entre *elección recta* y *desapego del pecado venial* (2º grado de humildad), lo que vale singularmente para la elección vocacional (consagrada —religiosa o eclesiástica— y matrimonial). Una elección será recta, pues, cuando la persona haya llegado a una disposición de desapego respecto del pecado venial. Y es óptima cuando se ha logrado un paso más: el deseo de la imitación perfecta de Cristo sufriente (3º grado de humildad).

Si bien San Ignacio habla aquí de quienes se preparan por medio de los *Ejercicios Espirituales* para realizar algún modo de elección clave en su vida, hay muchos que hacen esta elección en muchas otras circunstancias de la vida. Dios tiene muchos caminos para llevar a una persona a esta disposición del segundo grado de humildad, de modo tal de hacerla tomar las grandes decisiones de su vida sincera y correctamente. Puede tratarse de una preparación más laboriosa, como la que se realiza en los Ejercicios; pero también lo otorga Dios como una *gracia actual* que se manifiesta en aquellas decisiones en que hay un *deseo de totalidad y generosidad*, una intención de *darse totalmente a quien se ama* (sea una persona o una causa noble), con la determinación, tal vez solo inconsciente, de no fallar ni aun venialmente contra lo determinado. ¿No es lo que supones que esconden las expresiones de los discípulos de Cristo: "¡Maestro, te seguiré donde quiera que vayas!" (Mt 8,19); "Nosotros lo hemos dejado todo y te hemos seguido" (Mt 19,27)?

También en el amor humano se alcanza a menudo una disposición semejante. Basta pensar en las declaraciones de amor cuando son sinceras y totales. La literatura —queriendo retratar la realidad humana— nos ofrece numerosos testimonios. Léase el siguiente párrafo un tanto relamido de *Dos mujeres*, de Gertrudis Gómez de Avellaneda (1845), correspondiente al momento del matrimonio entre Luisa y Carlos: "—Tú, hija mía —prosiguió Leonor—, no olvides nunca que después de Dios tu primer amor debe ser tu marido: ámale, obedécele en todo aquello que no se oponga a la salvación de tu alma. Luisa levantó hacia su esposo una mirada de inefable ternura: Carlos, enajenado, la estrechó entre sus brazos; y ella, reclinando lánguidamente su cabeza sobre el pecho de su marido, pronunció con voz tan dulce que solo él pudo oírla: —«Sí, siempre te amaré: ¡Dios y tú!» Era la primera palabra de amor que pronunciaban aquellos labios tan puros. Carlos fuera de sí imprimió un beso de fuego en su frente virginal: era la primera vez que el joven veía en sus brazos a una mujer amada". Jacinto de Salas y Quiroga escribía: "Ámame, virgen pura; / el corazón te jura / amor, y amor eterno, / y tráigueme el averno / si mi alma es perjura". Dejando de lado los exagerados sentimientos del romanticismo literario que empalaga estos párrafos, nadie podrá negar que reflejan la verdad del amor humano verdadero, incluso sin meter a Dios en medio. Cuando tal amor es sincero y no vana palabrería, puede considerarse análogo a la intención de totalidad sin infidelidades que caracteriza a quien está dispuesto a morir antes que faltar a su entrega amorosa.

Tal donación total y generosa de un ser humano a otro, descartando cualquier compensación mezquina y retractación, explica muchos ejemplos de fidelidad heroica incluso cuando falta correspondencia de la otra parte. Un interesante testimonio lo tenemos en la amarga confesión de Elena, en *Un duelo*, de Chejov. La protagonista dice, con una risa amarga: —¡Los hombres! ¿Afirma usted que los hombres son constantes en el amor? ¡Ja, ja, ja! ¡Qué disparate! ¡El mejor de los hombres que he conocido era mi difunto marido! Yo le amaba apasionadamente, con toda mi alma, con una ternura desbordante. Le había entregado mi juventud, mi vida, mi fortuna; era para mí un Dios, ante quien me inclinaba religiosamente... Y, sin embargo... el mejor de los hombres me engañaba, de una manera vergonzosa, a cada paso. Después de su muerte he encontrado en los cajones de su mesa una porción de cartas de mujeres... Me dejaba semanas enteras sola en casa, les hacía delante de mí el amor a otras, derrochaba mi patrimonio, se burlaba de mi cariño. Y a pesar de todo, yo le amaba y le era fiel. Más aun: sigo siéndole fiel ahora, después de su muerte. Me he enterrado para toda la vida entre estas cuatro paredes, y no me quitaré nunca el luto".

Con mayor razón se da esta disposición en muchos casos de vocación consagrada en la virginidad; la de la joven que se entrega a la vida virginal religiosa o el muchacho que quiere seguir a Cristo en el sacerdocio célibe con un corazón *sin fisuras*. Evidentemente también hay elecciones *interesadas* y *oblicuas*[235], es decir, realizadas por motivos no del todo limpios; puede uno casarse por la belleza del novio o la novia, por su dinero, o por atolondramiento; también puede seguir la vocación religiosa porque se lo impone la familia (hoy menos frecuentemente) o porque cree poder hacer carrera eclesiástica, o porque no ha medido sus exigencias o ignora la renuncia que implica, etc. En tales casos, si más tarde sobreviene una crisis, habrá que hacer como dice Ignacio para los casos en que "no ha hecho elección debida y ordenadamente, sin afecciones desordenadas": "arrepintiéndose procure hacer buena vida en su elección"[236].

---

[235] "... Si no ha hecho elección debida y ordenadamente, sin afecciones desordenadas (...); la cual elección no parece que sea vocación divina, por ser elección desordenada y oblicua, como muchos en esto yerran haciendo de oblicua o de mala elección vocación divina; porque toda vocación divina es siempre pura y limpia, sin mezcla de carne [= *intención carnal*] ni de otra afección alguna desordenada" (San Ignacio, *Ejercicios Espirituales*, n. 172).
[236] *Ibídem*.

Pero, como digo, en muchas elecciones ha habido esa disposición del "segundo grado de humildad" o "algo análogo". Y así debe ser si se quiere que la elección esté bien hecha. Digo "algo análogo" para los casos en que, sin plantear la disposición de *evitar todo pecado venial*, se da algo así como una resolución de *evitar toda falta grave o leve que pudiese ofender a la persona —o a la causa— amada a la que se entrega el cuerpo y el alma* (el segundo grado de humildad implica, en cambio, la determinación de evitar "todo" pecado venial deliberado y no solo los que ofendan a la persona o a la causa amada). El *idealismo* con que una joven mira su noviazgo o su entrega matrimonial o el *quijotismo* y *desinterés* con que una persona bien nacida se consagra a una causa noble implican, de hecho, la decisión de no manchar por nada del mundo un amor puro y total, lo que equivale a querer no fallarle ni aun venialmente.

De aquí puede comprenderse que *toda crisis vocacional seria* —consagrada, matrimonial o de otro tipo—, está ligada, primero, al *consentimiento habitual y deliberado al pecado venial*; a continuación, al *coqueteo con el pecado mortal*; luego, a los *reiterados pecados mortales*; finalmente, al *estado habitual de infidelidad a la vocación o pecado mortal*.

El camino del fracaso empieza, pues, con el *pecado venial deliberado*.

Consecuentemente no hay otra solución que comenzar *revisando serena y firmemente nuestra relación con el pecado venial* en orden a volver a esa fidelidad primera *incluso en materia leve*. Decimos:

1º "Serena"; es decir, una detestación del pecado venial *no enfermiza*. Muchos no pueden luchar con el pecado venial porque encaran o conciben esta lucha en forma patológica, esto es: obsesiva, escrupulosa, angustiada, llena de temor.
2º Cuyo objeto es el pecado venial *deliberado*. No se excluye, pues, que suframos debilidades *in-deliberadas*, originadas,

generalmente, en nuestro carácter deformado, o en nuestro temperamento no formado[237].

3º "Firme" significa que existe un *plan serio de no pactar* con el pecado venial *en ningún frente*, pero particularmente en aquellos puntos donde nos aprieta el zapato (nuestras debilidades particulares).

4º Implica que en las dimensiones claves de mi temperamento quiero forjar un carácter semejante al de Jesucristo.

5º También que no quiero ir *a sabiendas*, con los ojos abiertos, contra las normas que atañen a mi estado, profesión, etc., aun cuando sepa que no constituyen materia de pecado mortal.

6º Que no acepto *a sabiendas*, con los ojos abiertos, ninguna acción que tenga por raíz uno de los vicios capitales, aun cuando claramente no constituya un pecado mortal. Así, por ejemplo, la vanidad, la pereza, la chabacanería, los pequeños embustes y medias verdades, la improvisación constante, el ser indolente en mis obligaciones, la falta o negligencia en la oración, el trato poco respetuoso con las cosas de Dios, las miradillas "de reojo" —aunque sean más por curiosidad que por sensualidad— a lo relativo al sexo, la falta de pudor o decoro, el exceso en el hablar, la curiosidad mundana, las injusticias en el trato con el prójimo, el exceso en el comer y en el beber, las faltas de caridad y cor-

---

[237] Es necesario distinguir claramente los pecados veniales de fragilidad y los deliberados. Si pecamos por sorpresa, por debilidad —decía el beato Dom Columba Marmion—, la culpa es venial e indeliberada; no premeditada; por tanto, no nos detiene en el camino; antes bien, al levantarnos humildemente, encontraremos en ella un nuevo estímulo para amar a Dios mucho más de cuanto lo veníamos haciendo. Ocurre lo contrario con las culpas habituales, o plenamente deliberadas: si el alma las comete habitualmente, y con frialdad, sin remordimiento, no puede haber verdadero progreso en la perfección. No son las debilidades, las enfermedades del cuerpo o del espíritu las que obstaculizan la gracia; Dios conoce nuestras miserias y la arcilla de la que estamos hechos. Son, en cambio, las culpas deliberadas, el apego a nuestro juicio y el amor propio, las fuentes más profundas de nuestras infidelidades y las disposiciones que paralizan en nosotros la acción de Dios.

tesía, las críticas injustas, las burlas hirientes, la indiferencia ante el dolor ajeno, la impaciencia, etc. Cada uno sabe dónde le aprieta el zapato.

7º Como este trabajo no impide que caigamos en faltas indeliberadas, que son la mayoría de nuestros errores, también se hace necesario reconocer diariamente estas últimas. Y aunque no sean materia de confesión (donde no hay deliberación no hay culpabilidad) *sí son materia de enmienda*, es decir, de trabajo y previsión para no repetirlas; algo que muchos no toman en consideración (si soy tan torpe que al caminar pisoteo sin querer a quienes van a mi lado, no tengo culpa moral porque no ha habido voluntariedad ni previsión, pero *estoy obligado a prestar más atención* para no hacer insufrible la vida de quienes caminan a mi lado). Por la falta de enmienda —quizá amparado en que no he fallado a propósito—, estas faltas terminan por imponerse, aceptarse, acostumbrarse y de allí pasan, a veces, a realizarse deliberadamente *porque ya no me chocan tanto*. En cuanto sea posible, pues, se deben corregir estos "defectos", para lo cual, a menudo, basta con comenzar pidiendo humildemente perdón al prójimo.

Cuando no se ponen en práctica estas cosas *no es posible* salir de una crisis vocacional o matrimonial, porque una crisis es una situación de terremoto: el terreno en el que se asienta un edificio se desgrana y el edificio tambalea. Y acabamos de ver que el terreno en el que se asienta toda elección seria es la decisión de no faltar deliberadamente ni en materia leve: si tal fue la condición para elegir rectamente, también será la condición para remozar esa elección cuando parece avejentarse o volverse una carga pesada[238].

---

[238] Los actos virtuosos que parecen mínimos y secundarios, los llamó san Marcelino Champagnat "pequeñas virtudes" (cf. San Marcelino Champagnat, *Sentencias, enseñanzas y avisos*, Ed. HME, Buenos Aires [1946], cap. 28, 399-414). El santo

En cambio, los que quieren primero recuperar la solidez del amor o de la vocación, y recién entonces empezar a vivir con generosidad (*si yo estuviera seguro... entonces me jugaría...; si volviese a sentir ese amor que tuve en mis primeros años de sacerdocio o en los primeros años de mi matrimonio, entonces haría cualquier cosa por mi vocación o por mi cónyuge*) quieren primero la salud para luego tomar el remedio.

---

lo aplica a la vida religiosa. Hice una adaptación al matrimonio en mi libro *Matrimonio cristiano, natalidad y anticoncepción* (Edive, San Rafael, 2009). Se trata de actitudes que pueden parecer accidentales (como la indulgencia, la disimulación de los defectos ajenos, la alegría, la flexibilidad de ánimo, la afabilidad, la urbanidad y cortesía, la estabilidad de ánimo...), pero según el santo, la presencia o ausencia de ellas es lo que distingue una comunidad [o familia] feliz de una desgraciada o revuelta. También de detalles aparentemente muy pequeños depende la fidelidad y alegría en la vocación (célibe o matrimonial) o la crisis y el derrumbe de la misma.

V

Ayuda de la psicología a la Vida consagrada

> *[Las] reales condiciones [del candidato al sacerdocio célibe] deberán ser comprobadas apenas se delineen las señales de la sagrada vocación con el cuidado más escrupuloso, sin fiarse de un apresurado y superficial juicio, sino recurriendo inclusive a la asistencia y ayuda de un médico o de un psicólogo competente* (Pablo VI, Sacerdotalis coelibatus, 63).

Como señalaba Pablo VI en el texto que hace de epígrafe, en el itinerario formativo a veces puede resultar necesario contar con la ayuda de profesionales de la medicina o de la psicología. Como las relaciones entre tales colaboradores, los superiores del candidato y este último, son muy precisas y delicadas, considero adecuado analizar de cerca la cuestión. Voy a hacerlo tomando como punto de referencia el documento que a propósito de este argumento publicó la Congregación para la Educación Católica en 2008, *Orientaciones para el uso de las competencias de la psicología en la admisión y en la formación de los candidatos al sacerdocio*[239]. Como el título señala, está pensado para los candidatos al sacerdocio (diocesanos y religiosos), pero pienso que muchos de sus principios pueden ser útiles, *mutatis mutandis*, para los religiosos no sacerdotes y las religiosas, y también para los ya ordenados y los consagrados de votos perpetuos.

---

[239] Congregación para la Educación Católica, *Orientaciones para el uso de las competencias de la psicología en la admisión y en la formación de los candidatos al sacerdocio*, Città del Vaticano (2008); en adelante: *Orientaciones para el uso de la psicología*.

Este argumento es muy importante pero delicado. Lo demuestra el tiempo que demoró la preparación de este breve documento: nada más ni nada menos que 32 años y numerosas etapas. La iniciativa partió en 1975 de la Secretaría de Estado que encargó a la Congregación para la Educación Católica un estudio sobre las competencias psicológicas en la admisión y formación de los candidatos al sacerdocio. Este dicasterio lo comenzó interpelando a su vez a las Congregaciones para la Doctrina de la Fe, del Clero y de los Religiosos. Contemporáneamente, la Secretaría de Estado también encomendó a la Congregación para la Doctrina de la Fe que preparara una declaración sobre el tema, indicándole tres criterios que debían estar presentes:

1. A nadie, ni siquiera a los Superiores Religiosos o Diocesanos, le es lícito entrar en la intimidad psicológica o moral de una persona sin haber tenido el previo, explícito, informado y absolutamente libre consentimiento; en este sentido hay que considerar ilícitas todas las prácticas psicológico-proyectivas y de otro tipo, que se actúan durante la admisión o permanencia en seminarios o noviciados, si falta el previo y libre consentimiento del interesado, que no puede ser obligado de ningún modo.
2. Además, el psicólogo no deberá manifestar a terceras personas, sin importar la autoridad de que estén revestidas, sea religiosa o política, sin el libre consentimiento del interesado, los conocimientos concernientes a la vida íntima a las que hubiese tenido acceso.
3. El analizado está obligado, a su vez, a respetar los conocidos principios de la moral concernientes a los secretos a los que está obligado (secreto natural, secreto profesional y secreto confiado).

En aquel momento ninguno de los Dicasterios terminó por publicar ningún documento.

Veinte años más tarde, en 1995, la Congregación para la Educación Católica, en su reunión Plenaria, retomó la necesidad de estudiar el problema. Tres años después, en 1998, se presentó a los Miembros el primer boceto del documento, titulado: *El screening psicológico y el uso de la psicología en la admisión y en la formación de los candidatos al sacerdocio y a la vida consagrada*. Obsérvese que la idea era abarcar, en ese momento, tanto el sacerdocio como la vida religiosa en general. Se hicieron observaciones, críticas y correcciones. Y se pidieron nuevas profundizaciones.

Entre los años 2000 y 2002, el texto fue sometido al examen de expertos de varias escuelas, y se pidió el parecer a varias Congregaciones Romanas, especialmente a la Congregación para la Doctrina de la Fe. Los resultados fueron presentados en la Plenaria de 2002. El cardenal Ratzinger, como prefecto de la Congregación para la Doctrina de la Fe, expresó el parecer positivo sobre el documento. Ese mismo año se hizo otra nueva consulta a las Congregaciones implicadas.

En el año 2004 el documento fue enviado a la Secretaria de Estado y a las diversas Congregaciones para su consideración, y se lo presentó —con las enmiendas sugeridas en 2002— durante la plenaria del año 2005. Al año siguiente se confió a uno de los Consultores la redacción del documento, quien lo reelaboró con el título que sería luego oficial, siendo presentado a la Plenaria en enero de 2008 y publicado finalmente en junio del mismo año.

Este largo itinerario muestra a las claras que la Iglesia es consciente de que está en un terreno muy delicado, aunque importantísimo y que no puede ser dejado de lado ni tratado con superficialidad.

No debemos perder de vista que estamos viviendo una situación histórica que algunos definen, con justeza, de "emergencia antropológica", lo que significa, por un lado, que hay una lamentable comprensión de lo que es el ser humano, y, por otro, que este está afectado de muchos males, particularmente afectivos y psicológicos. Estos tienen como causas principales la destrucción de la familia, el crecimiento en familias desintegradas o con gravísimos problemas, la deformación de la educación, la casi inevitable exposición a la pornografía desde la infancia, la difusión de la droga, los deletéreos principios de la ideología de género que imponen la mayoría de los centros educativos y la literatura escolar... Son muy pocas las personas que no han recibido alguna o varias de estas heridas. La situación es, así, muy distinta de la que se podía experimentar hace un cuarto o medio siglo atrás. Exige de nuestra parte una preparación del todo especial y recursos nuevos para poder enfrentar y solucionar los problemas que se presentan cada vez con más frecuencia, de lo contrario tendremos cada vez más dificultades para ayudar a muchos de los que piden ingresar en la vida religiosa y en los seminarios, así como a quienes debemos guiar en el camino al matrimonio (que no están en mejores condiciones, ciertamente).

El documento *Orientaciones para el uso de la psicología* hace referencia al anterior del mismo Dicasterio, de 1974, que hemos venido usando frecuentemente a lo largo de este estudio (*Orientaciones para la educación en el celibato sacerdotal*) donde se lee: "los errores de discernimiento de las vocaciones no son raros, y demasiadas ineptitudes psíquicas, más o menos patológicas, resultan patentes solamente después de la ordenación sacerdotal. Discernirlas a tiempo permitirá evitar muchos dramas"[240]. Con esto se indican dos cosas:

1º Algunos problemas, incluso patológicos, *no resultan patentes* sino después de un tiempo largo ("después de la ordenación sacerdotal" sugiere un amplio lapso temporal); por tanto, no es posible evitar que tengamos que enfrentar este

---

[240] Congregación para la Educación Católica, *Orientaciones para la educación en el celibato sacerdotal*, n. 38.

tipo de problemáticas que pueden aparecer solo con el transcurso del tiempo. Otro tanto puede acaecer en la vida religiosa, masculina y femenina. Debemos preguntarnos, pues, si estamos preparados para enfrentar adecuada y eficazmente a quienes puedan presentar algún tipo de dificultades.

2º "Discernirlas a tiempo permitirá evitar muchos dramas". Se nos invita a perfeccionar los medios de discernimiento —o a adquirir la experiencia que solo se logra con los años, el estudio y el trabajo dedicado— para ver si de algún modo puede percibirse durante el período de formación algún problema todavía no patente, pero que un ojo entrenado se hace capaz de descubrir.

Esto exige, dice *Orientaciones para el uso de la psicología*, que cada formador "tenga la sensibilidad y la preparación psicológica adecuadas" —dos cualidades que exigen mucho empeño— "para ser capaz, en la medida de lo posible, de percibir" tres cosas: (1) "las motivaciones reales del candidato", (2) "de discernir los obstáculos para la debida integración entre madurez humana y cristiana", y (3) "las eventuales psicopatologías"[241].

Para esto "todo formador ha de estar preparado, incluso mediante cursos específicos adecuados, para una profunda comprensión de la persona humana y de las exigencias de su formación al ministerio ordenado. Para cumplir este objetivo pueden resultar muy útiles los encuentros de diálogo y clarificación con psicólogos sobre algunos temas específicos".

1. Uso ordinario y excepcional del recurso a la psicología

Las extremas precauciones de la Iglesia en cuanto al uso de la psicología en los seminarios y en la vida religiosa se comprenden mejor si tenemos en cuenta los gravísimos abusos que se han cometido en el pasado reciente. Emblemática

---

[241] *Orientaciones para el uso de la psicología*, n. 4.

fue la trágica experiencia del abad belga Gregorio Lemercier, fundador del monasterio de Santa María de la Resurrección, en Cuernavaca, México, quien introdujo, entre 1961 y 1968, el psicoanálisis como parte de la formación de sus monjes, dejando como saldo el pedido de dispensa de los votos religiosos de 21 de los 24 monjes, incluido el abad, y la posterior clausura del monasterio.

Más penosa es la historia del deterioro de algunas congregaciones religiosas norteamericanas en la década del '60 y '70. William R. Coulson y Carl Rogers, aplicaron sus técnicas psicológicas de trabajo grupal a las religiosas del *Inmaculate Heart of Mary* (Inmaculado Corazón de María), destruyendo la congregación, uno de los principales institutos educativos católicos de Estados Unidos (lo relata arrepentido el mismo William R. Coulson en su escrito *Desgarrando el templo: confesiones de un desmantelador de escuelas católicas*[242]). Al año de iniciarse el proyecto, más de la mitad de las religiosas escribieron a Roma pidiendo dispensa para salir de la congregación. "Cuando empezamos había 600 religiosas y 59 escuelas. Ahora, cuatro años más tarde, un año después de la conclusión del proyecto, quedan dos escuelas y no hay religiosas"[243]. Algunas incluso apostataron de la fe católica.

Las ideas de Rogers también destruyeron a las religiosas de *School Sisters of St. Francis*, de Milwaukee, y por la misma causa —las dinámicas de grupo de los discípulos de Rogers—, colapsó en Estados Unidos la formación de los Jesuitas entre los años 1965 y 1975[244].

Otro ejemplo de una mala intrusión de la psicología (estrictamente hablando, del psicoanálisis) es la labor que hizo

---

[242] Coulson, William, *Tearing Down the Temple: confessions of a Catholic School Dismantler*, Fidelity, December (1983), 18-22.
[243] Coulson, William, *Groups, Gimmicks, and Instant Gurus*, Harper & Row, New York (1972), 99.
[244] Cf. Becker, Joseph M., S.J., *The Re-formed Jesuits*, Ignatius Press, San Francisco (1992).

el psicólogo-teólogo alemán Eugen Drewermann, explicando la vocación y los problemas que pueden presentarse en los consagrados, desde un punto de vista freudiano[245].

Ciertamente que todo esto se enmarca en un uso ideológico de la psicología —y de la *mala* psicología—. Pero indica cuán cautos y prudentes hay que ser. Hoy en día, con una formación psicológica más realista y sólida, podemos servirnos de sus aportes con mucho fruto, siempre y cuando mantengamos todo bajo sus correctos parámetros.

Creo que cabe distinguir dos usos de la psicología —o, si se prefiere, de la colaboración de los profesionales psicólogos— en las casas de formación y en las comunidades religiosas.

Hay un recurso *ordinario* que se encuadra entre los aportes que los profesionales pueden ofrecer a los formadores, a los formandos, y a los diversos miembros de una comunidad religiosa, sea para ayudarlos a comprender más profundamente la persona humana, la afectividad, cuanto para transmitirles elementos útiles para el discernimiento que deberán ejercer en el trabajo pastoral y apostólico y en la formación de otros consagrados; también para darles instrumentos para el gobierno de las propias emociones, etc. Esto es lo que nuestro documento califica como "cursos específicos adecuados" y "encuentros de diálogo"[246]. Lo considero dentro de lo *ordinario* porque todos —unos más y otros menos— necesitan estos conocimientos para su propio gobierno y educación o la que ejercen sobre los demás. Algo análogo podría decirse respecto de los profesionales de la pedagogía y otras ciencias humanas útiles o muy convenientes

---

[245] Cf. Drewermann, Eugen, *Clérigos. Psicograma de un ideal*, Trotta (2005); *Psicoanálisis y teología moral*, Vol. I. *Angustia y culpa*, Desclée de Brouwer (1996); Vol. II. *Caminos y rodeos del amor*, Desclée de Brouwer (1996); Vol. III. *En los confines de la vida*, Desclée de Brouwer (1997).

[246] *Orientaciones para el uso de la psicología*, n. 4c.

para la formación. Para muchas de estas cosas puede bastar con un religioso experimentado o experto en estos temas.

En cambio, entramos en el campo de la *excepcionalidad* cuando se apela al profesional para la tarea más delicada del discernimiento, del acompañamiento profesional en la adquisición de la madurez humana y el recurso terapéutico en los casos de disturbios psicológicos. En este sentido el documento dice: "en algunos casos puede ser útil el recurso al psicólogo"[247]. Aquí tenemos tres casos:

a) Cuando hay que hacer un discernimiento muy específico: "para una valoración más segura de la situación psíquica del candidato, de sus aptitudes para responder a la llamada divina".

b) "Para una ulterior ayuda en su crecimiento humano"; para "una aportación a favor del apoyo en el desarrollo de las cualidades humanas y, sobre todo, relacionales necesarias para el ejercicio del ministerio".

c) Para una "eventual terapia de los disturbios psicológicos".

Esta tarea, dice más adelante, es auxiliar ("el auxilio de la psicología"). Debe "integrarse en el cuadro de la formación global" y salvaguardar "el valor irrenunciable del acompañamiento espiritual"; o sea, es el director espiritual quien lleva adelante el trabajo fundamental y el psicólogo, en los casos que fuese necesario, ayuda para que el director espiritual realice su acción[248].

2. Problemas y obstáculos de algunos candidatos

El documento considera que muchas personas que llegan al Seminario (o a los Institutos religiosos) tienen ciertas

---

[247] *Orientaciones para el uso de la psicología*, n. 5a.
[248] *Orientaciones para el uso de la psicología*, n. 6a.

dificultades que no los excluyen de la vocación que han vislumbrado, siempre y cuando las trabajen con seriedad.

Las principales dificultades caen de lleno en el cometido propio de la dirección espiritual y de la confesión. En particular dos ámbitos. El primero correspondería a una mala o insuficiente formación espiritual, que observamos en algunos candidatos que llegan cargados de principios doctrinales y morales mundanos[249]. Es el plano de las ideas no claras o incluso confusas. Dice explícitamente: "aquellos que hoy piden entrar en el Seminario reflejan, en modo más o menos acentuado, los inconvenientes de una emergente mentalidad caracterizada por el consumismo, por la inestabilidad en las relaciones familiares y sociales, por el relativismo moral, por visiones equivocadas de la sexualidad, por la precariedad de las opciones, por una sistemática obra de negación de los valores, sobre todo, por parte de los medios de comunicación"[250].

El segundo es el de las dificultades relacionadas con el desarrollo de las virtudes morales. Este desarrollo (adquisición y crecimiento en las virtudes morales), dice, "puede venir obstaculizado por particulares heridas del pasado, aun no resueltas" [251]. En este plano nos encontramos más que con ideas distorsionadas, con experiencias traumáticas. Dice al respecto: "Entre los candidatos podemos encontrar algunos que provienen de experiencias peculiares —humanas, fami-

---

[249] Habla del "desequilibrio que se encuentra radicado en el corazón del hombre" (n. 5b). La referencia a pie de página es a *Gaudium et spes* n. 10; por tanto, se refiere a aquellas luchas interiores que se mencionan en ese párrafo: los límites de su voluntad, las divisiones y discordias sociales, las taras del materialismo práctico en que vive, el no dar tiempo a las cosas importantes de la vida, en no dar lugar a la gracia, el esperar la felicidad de las cosas terrenas, la falta de un ideal claro, las angustiosas cuestiones sobre el hombre y sobre el sentido de la vida, del dolor y de la ultratumba.
[250] *Orientaciones para el uso de la psicología*, n. 5c.
[251] *Orientaciones para el uso de la psicología*, n. 5b.

liares, profesionales, intelectuales, afectivas— que en distinto modo han dejado heridas todavía no sanadas y que provocan disturbios que son desconocidos en su real alcance por el mismo candidato y que, a menudo, son atribuidos erróneamente por él mismo a causas externas a su persona, sin tener, de esta forma, la posibilidad de afrontarlos de manera adecuada". En nota indica esta cita de san Juan Pablo II: "El hombre, pues, lleva dentro de sí el germen de la vida eterna y la vocación a hacer suyos los valores trascendentes; pero continúa vulnerable interiormente y expuesto dramáticamente al riesgo de fallar a su vocación, a causa de resistencias y dificultades que encuentra en su camino existencial, tanto a nivel consciente, donde la responsabilidad moral es tenida en cuenta, como a nivel subconsciente, y esto tanto en la vida psíquica ordinaria como en la que está marcada por leves o moderadas psicopatologías, que no influyen sustancialmente en la libertad que la persona tiene de tender a los ideales transcendentes, elegidos de forma responsable"[252].

Refiriéndose a los dos ámbitos concluye: "Es evidente que todo esto puede condicionar la capacidad de progresar en el camino formativo hacia el sacerdocio".

La mayoría de estos casos podrán ser encauzados dentro de la dirección espiritual, porque tanto las confusiones intelectuales como las referidas heridas son manejables para un director experimentado. Pero, hay ciertos casos en que el problema es más serio y profundo. El documento los expresa con una fórmula, que deja en su lengua original: "si casus ferat"[253], si el caso lo exigiese. Y añade: "es decir, en los casos excepcionales que presentan particulares dificultades". Se trata, pues, de "dificultades particulares" y casos que revisten

---

[252] Juan Pablo II; *Alocución a la Rota Romana* [25 de enero de 1988]: AAS 80 [1988], 1181.
[253] *Orientaciones para el uso de la psicología*, n. 5f.

cierta excepcionalidad. Es evidente que la primera idea que nos viene al oír hablar de "excepción" es la de "poco frecuente respecto del grupo en que se presenta una situación". Así, algunos casos que tienen algo de particular en una comunidad, son "excepciones". Pero, en realidad, la *excepción* de la que aquí se habla —caso *psicológicamente* excepcional— no se considera respecto del grupo en que se da, sino respecto de la *normalidad*. No es el bajo número lo que constituye que ciertos casos sean excepciones, sino el que esos pocos o muchos casos sean una *excepción* respecto de la norma. Indudablemente es una excepción que una religiosa se encuentre en su casa cuidando a su madre enferma; pero si en una comunidad de cinco monjas se presenta la extraña situación de que tres tienen simultáneamente sus madres enfermas y deben asistirlas, los casos siguen siendo casos excepcionales, y el problema no tiene que ver ni con un mal gobierno, ni por la defectuosa formación, sino por razones ajenas a la misma vida religiosa.

Cuando se presentan tales casos excepcionales se hace muy conveniente el recurso a profesionales, que darán su aporte a través de "entrevistas" o "tests", según los casos, y con "el previo, explícito, informado y libre consentimiento del candidato". Los formadores, en cambio, deben evitar, dice el documento, "el uso de técnicas psicológica o psicoterapéuticas especializadas". Obsérvese que se explicita que se refiere a las técnicas "especializadas" y no a recursos psicológicos ordinarios, que conviene, en cambio, que conozcan para poder evaluar la personalidad de los formandos o dirigidos y ayudarlos de modo competente a perfeccionar su carácter.

3. Los psicólogos

La elección de los psicólogos es una tarea muy delicada. El documento indica lo siguiente:

"Se tenga presente que ellos, (a) además de distinguirse por su sólida madurez humana y (b) espiritual, (c) deben inspirarse en una antropología que comparta abiertamente la concepción cristiana sobre la persona humana, la sexualidad, la vocación al sacerdocio y al celibato, (d) de tal modo que su intervención tenga en cuenta el misterio del hombre en su diálogo personal con Dios, según la visión de la Iglesia"[254].

Previendo que no es fácil encontrar profesionales que reúnan estas cualidades, se añade: "Allí donde no estuvieran disponibles tales psicólogos, se provea su preparación específica". Sobre este punto tan importante, la nota al pie de página trae un texto de Juan Pablo II dirigido a los miembros de la Congregación para la Educación Católica: "Conviene promover la preparación de psicólogos expertos que, además de alcanzar un buen nivel científico, logren una comprensión profunda de la concepción cristiana sobre la vida y la vocación al sacerdocio, para que puedan contribuir de forma eficaz a la integración necesaria entre la dimensión humana y la sobrenatural"[255].

Se indica, también, que "el recurso a los psicólogos deberá estar regulado en los diversos países por las respectivas *Rationes institutionis sacerdotalis* y en cada uno de los Seminarios por los Ordinarios y Superiores Mayores competentes, con fidelidad y coherencia a los principios y directrices del presente Documento"[256]. De aquí se deduce que cada casa de formación o Congregación tendría que tener una suerte de reglamento bien elaborado sobre estos temas, y regularse por él.

---

[254] *Orientaciones para el uso de la psicología*, n. 6.
[255] Juan Pablo II, *Discurso a los participantes en la Sesión Plenaria de la Congregación para la Educación Católica* [4 de febrero de 2002], n. 2: AAS 94 [2002] 465.
[256] *Orientaciones para el uso de la psicología*, n. 7.

4. El delicado tema de la libertad y la fama

El Documento hace mucho hincapié en el respeto por dos aspectos del candidato: su buena fama y su libertad.

1º En cuanto a su *libertad*, el respeto se manifiesta de tres modos: ante todo en cuanto no se le puede imponer ni un test psicológico ni una ayuda psicológica explícita sin su "previo, explícito, informado y libre consentimiento"; y también en cuanto a la elección del profesional. Un consentimiento, por tanto, con cuatro cualidades: previo, explícito, informado (sobre lo que se va a realizar y objetivos) y libre. Y esto obliga a los superiores, al director espiritual, y al mismo profesional:

- "Para una correcta valoración de la personalidad del candidato, el psicólogo podrá recurrir tanto a entrevistas, como a tests, que se han de realizar *siempre con el previo, explícito, informado y libre* consentimiento del candidato" (n. 5g).
- "Esto significa que se podrá proceder a la consulta psicológica *sólo con el previo, explícito, informado y libre consentimiento* del candidato" (n. 12a).
- "El candidato podrá dirigirse *libremente*, ya sea a un psicólogo elegido entre aquellos indicados por los formadores, o bien a uno elegido por él mismo y aceptado por ellos" (n. 12e).
- "Según las posibilidades, debería quedar siempre garantizada a los candidatos una *libre elección entre varios psicólogos* que tengan los requisitos indicados" (n. 12f)

2º En cuanto al derecho a la fama, se insiste en dos cosas: (a) para que el psicólogo comunique con los formadores del candidato el resultado de sus investigaciones, debe contar con el consentimiento ya indicado, pero añadiendo una quinta cualidad: debe ser dado por *escrito*. Allí se debe hacer constar no solo que se autoriza a la comunicación sino que debe indicarse *a quienes se autoriza a comunicar* (si al obispo, al rector, al director espiritual...): "El candidato podrá ser invitado a dar libremente su propio consentimiento escrito para que el psicólogo, obligado al secreto profesional, pueda comunicar los resultados de la consulta a los formadores, indicados por el mismo candidato"[257]. Esto vale también para el director espiritual, si tuviese que hablar con el psicólogo, aun cuando él haya sugerido hacer la consulta: "Cuando el padre espiritual considere útil adquirir directamente por sí mismo informaciones del candidato que ha realizado la consulta, proceda según lo indicado en el n. 13 para los formadores de fuero externo"[258].

(b) Análogamente, en el caso de los candidatos que pasan de un Seminario a otro o de una Congregación a otra, habiendo hecho exámenes psicológicos o tratamientos en la anterior casa formativa (nuevamente se pone la condición de un consentimiento escrito):

- En cuanto a dar a conocer a los nuevos superiores los informes psicológicos: "Sólo con el libre consentimiento escrito del candidato, los nuevos formadores podrán tener acceso a las informaciones del psicólogo que había realizado la consulta" (n. 16d).
- Lo mismo en cuanto a hablar directamente con el psicólogo que lo acompañó: "Cuando se considere la posibilidad de acoger en el Seminario a un candidato que, después de ser despedido precedentemente, se ha sometido a un tratamiento psicológico, se verifique antes con seguridad, en cuanto sea posible, su condición psíquica, recabando entre otras cosas, y sólo después de haber obtenido su libre consentimiento escrito, las debidas informaciones ante el psicólogo que lo ha acompañado" 16e).

---

[257] *Orientaciones para el uso de la psicología*, n. 13a.
[258] *Orientaciones para el uso de la psicología*, n. 14d.

5. La intervención en la fase inicial

La ayuda del psicólogo puede ser "necesaria" en la fase inicial (los que piden entrar al Seminario o la vida religiosa) "sobre todo a nivel de diagnóstico" "en los casos que se tuviera la duda sobre la existencia de disturbios psíquicos". Pero "si se constatase la necesidad de una terapia, debería ser actuada *antes* de la admisión al Seminario o a la Casa de formación"[259].

Luego se añade que también puede ser útil "para delinear un camino formativo personalizado según las específicas exigencias del candidato". Se entiende que esto se aplica cuando la mera observación de los formadores, o el diagnóstico psicológico, si se hubiera llevado a cabo, indican que no hay disturbios psíquicos ni necesidad de terapia, pero sí un *trabajo más profundo y personalizado* en algún rasgo de la personalidad.

Se mencionan en el párrafo dedicado al discernimiento inicial cinco eventuales problemas que pueden obstaculizar el camino formativo y que exigen un "rápido discernimiento": (1) la excesiva dependencia afectiva; (2) la agresividad desproporcionada; (3) la insuficiente capacidad de ser fiel a las responsabilidades asumidas; (4) la insuficiente capacidad de establecer relaciones serenas de apertura, confianza y colaboración con los pares y con los superiores; (5) la confusión o falta de definición en la identidad sexual. Sobre este último punto añade más abajo: "se tenga presente que no basta asegurarse de la capacidad de abstenerse del ejercicio de la genitalidad, sino que es necesario también valorar la orientación sexual, según las indicaciones emanadas por esta Congregación. En efecto, la castidad por el Reino es mucho más que la simple carencia de relaciones sexuales"[260].

---

[259] *Orientaciones para el uso de la psicología*, n. 8d.
[260] *Orientaciones para el uso de la psicología*, n. 8f.

Todos estos problemas pueden darse en grados diversos, de lo que surge que el discernimiento puede concluir en una exclusión del candidato, o en pedirle que haga previamente un tratamiento para solucionar sus correspondientes disturbios para luego volver a pedir la admisión, o bien, en los casos leves, trazarles un plan de trabajo para realizar en el ámbito de la formación (especialmente en la dirección espiritual).

El documento señala que debe tenerse en cuenta "la posible tendencia de algunos candidatos a minimizar o a negar las propias debilidades". Algunos las conocen, pero las callan por temor a no ser entendidos ni aceptados; estos "cultivan expectativas poco realistas sobre su futuro". Otros, al contrario, "tienden a enfatizar sus dificultades considerándolas obstáculo insuperable para el camino vocacional".

Debido a que algunos candidatos no conocen adecuadamente sus propios problemas "es necesario que el formador, desde el momento que el candidato se presenta para ser acogido en el Seminario, pueda conocer con precisión la personalidad, las potencialidades, las disposiciones y la diversidad de los probables tipos de heridas, valorando su naturaleza e intensidad".

6. Intervención en la formación sucesiva

Durante el período formativo se indican algunas intervenciones que pueden solicitarse al psicólogo[261]:

1º En caso de alguna crisis particular: "necesidades generadas por diversas crisis".

2º Como medio pedagógico para ayudarle a adquirir las virtudes morales: "puede ser útil para apoyar al candidato en su camino hacia una más firme apropiación de las virtudes morales".

---

[261] *Orientaciones para el uso de la psicología*, n. 9.

3º Para ayudarle a conocer más profundamente su propia personalidad. Más adelante añade: "Un mayor conocimiento, no sólo de las propias debilidades, sino también de las propias fuerzas humanas y espirituales permite entregarse con la debida conciencia y libertad a Dios, en la responsabilidad hacia sí mismo y hacia la Iglesia".

4º "Puede contribuir a superar, o hacer menos rígidas, las resistencias psíquicas a las propuestas formativas".

Pero inmediatamente el documento advierte contra toda tentación de psicologizar la formación o el concepto que alguno puede hacerse de ella, advirtiendo que esta ayuda no puede evitar que "la madurez cristiana" esté nunca "privada de dificultades y tensiones que piden disciplina interior, espíritu de sacrificio, aceptación del esfuerzo y de la cruz, y entrega confiada a la ayuda insustituible de la gracia".

La ayuda profesional del psicólogo que puede brindarse en casos especiales a un candidato, no significa que el Seminario o la Comunidad formativa se obliguen necesariamente a continuar la formación. La ayuda psicológica tiene como objetivo evaluar si de este modo se allanan las dificultades y el proceso formativo puede continuarse de modo normal, como está previsto por la Iglesia. Por eso, se señala también que "el camino formativo deberá ser interrumpido en el caso de que el candidato, no obstante su esfuerzo, el apoyo del psicólogo o de la psicoterapia, continuase a manifestar incapacidad de afrontar de manera realista, aun teniendo en cuenta la gradualidad del crecimiento humano, sus graves problemas de inmadurez"[262]. Y se hace una lista, no exhaustiva, de los principales problemas de inmadurez: fuertes dependencias afectivas, notable carencia de libertad en las relaciones, excesiva rigidez de carácter, falta de lealtad, identidad sexual incierta,

---

[262] *Orientaciones para el uso de la psicología*, n. 10.

tendencias homosexuales fuertemente radicadas, etc. Y se añade de modo particular: "Lo mismo debe valer también en el caso que resultase evidente la dificultad de vivir la castidad en el celibato, soportado como una obligación tan gravosa que podría comprometer el equilibrio afectivo y relacional". Teniendo en cuenta que los Documentos de la Iglesia suelen sopesar cada palabra y la negligencia de algún adjetivo a menudo ocasiona que se entienda mal el sentido que se quiere dar a una afirmación, subrayo aquí que se habla de "dificultad evidente". Esto es, aquella que puede derivar en un "compromiso del equilibrio afectivo y relacional". Por tanto, no se está pensando en luchas, incluso arduas, por la castidad, que pueden estar presentes en algunos momentos de la vida de todo ser humano, soltero, célibe o casado. Interpretarlas como "dificultades evidentes" o capaces de desequilibrar psíquicamente a la persona, puede llevar a malograr no solo una vocación sacerdotal o religiosa, sino también un matrimonio.

7. El pedido de los exámenes

Los que deben juzgar la idoneidad de los candidatos al sacerdocio (y análogamente, para la vida religiosa) tienen la obligación y el derecho de "verificar la presencia de las cualidades exigidas". En el caso de los que han de ser ordenados, el Derecho manda que se investigue concretamente "el estado de salud física y psíquica del candidato" (CIC 1029; 1031, 1; 1041, 1). Y al Obispo se le pide que tenga "certeza moral sobre la idoneidad del candidato" "probada con argumentos positivos" (CIC 1052). Esto significa que deben observarse las cualidades positivas y no solo la ausencia de sus contrarias.

Esto fundamenta que, llegado el caso en que se tuviese que consultar a un psicólogo ("en los casos de duda acerca de la idoneidad"), la Iglesia tiene el derecho *de solicitar* el parecer del profesional. En esto recuerda el documento que "el candidato al presbiterado no puede imponer sus condiciones personales, sino que debe aceptar con humildad y agradecimiento las normas y las condiciones que la Iglesia misma, en cumplimiento de su parte de responsabilidad, establece"[263]. Hechas las debidas adaptaciones, esto vale también para las Congregaciones religiosas, al momento de aprobar a un candidato para los votos perpetuos.

También el director espiritual puede sugerir a su dirigido que realice una consulta psicológica[264]. A él le toca "la tarea nada fácil del discernimiento de la vocación, incluso en el ámbito de la conciencia". Esta no puede sustituir el trabajo espiritual, que es su ambiente específico. Pero a veces se dan "bloqueos psicológicos" (o, al menos, pueden sospecharse) que hacen surgir dudas que no pueden resolverse sino con una "consulta psicológica, con el objeto de proceder con mayor seguridad en el discernimiento y en el acompañamiento espiritual". "El padre espiritual extraerá de los resultados de la consulta psicológica, las indicaciones oportunas para el discernimiento de su competencia y para los consejos que deberá dar al candidato, en orden a la continuación o no del camino formativo".

"En el caso de una petición de consulta psicológica por parte del padre espiritual, es de desear que el candidato, además de informar al padre espiritual de los resultados de la consulta, informe también al formador de fuero externo, especialmente si el mismo padre espiritual le hubiera invitado a ello".

8. La tarea del psicólogo

El Documento dedica un apartado a describir las diversas ayudas que el psicólogo puede llegar a prestar, tanto al candidato cuanto a los formadores.

---

[263] *Orientaciones para el uso de la psicología*, n. 11.
[264] *Orientaciones para el uso de la psicología*, n. 14.

Respecto del candidato destaca:

- Una ayuda en el orden del conocimiento de sí mismo: "ayudará al candidato a alcanzar un mayor conocimiento de sí mismo, de sus propias potencialidades y de su vulnerabilidad" (n. 15a).
- También a hacer una evaluación de su realidad personal y el ideal vocacional: "también a confrontar los ideales vocacionales proclamados por la Iglesia con su personalidad, a fin de estimular una adhesión personal, libre y consciente a la propia formación" (n. 15a).
- "Será tarea del psicólogo ofrecer al candidato las oportunas indicaciones sobre las dificultades que él está experimentando y sobre las posibles consecuencias para su vida y para su futuro ministerio sacerdotal" (n. 15a).

A los formadores:

- Elementos para comprender la personalidad y la problemática del candidato: "Efectuada la investigación, teniendo en cuenta también las indicaciones ofrecidas por los formadores, el psicólogo, solo con el previo consentimiento escrito del candidato, les dará su aportación para comprender el tipo de personalidad y la problemática que el candidato está afrontando o deberá afrontar" (n. 15b).
- Un posible *pronóstico*: "Indicará también, según su valoración y sus competencias, las previsibles posibilidades de crecimiento de la personalidad del candidato" (n. 15c).
- Y sugerencias de trabajo: "Sugerirá, además, si fuera necesario, formas o itinerarios de sostenimiento psicológico" (n. 15c).

CONCLUSIONES

I

La tarea de los formadores

Supone esto, implícitamente, que los superiores y los directores espirituales sepan dar una ayuda eficaz a los jóvenes confiados a su cuidado (Congregación para la Educación Católica, *Orientaciones...*, n. 61).

Resumamos las ideas principales que hemos esbozado en estas páginas y destaquemos la precisa tarea de los formadores.

"El celibato es un valor, una gracia, un carisma, que debe presentarse en su justo punto para que se le estime, elija y viva por lo que es. Así, pues, es necesaria una serena presentación del mismo, refutando a la vez los prejuicios y las objeciones contra él. Esto es un deber primario del educador. La educación seminarística debe ayudar a discernir el sentido de la sexualidad en el matrimonio; para consagrarse al celibato se presupone el conocimiento de lo que lleva consigo el amor de los cónyuges. Sin embargo, la educación seminarística tiene como finalidad primordial descubrir el sentido de la sexualidad y su función auténtica en el celibato consagrado a Dios en Cristo. No se trata pues de suprimir el amor y la sexualidad, sino de aprender a sublimarlos. Y aquí, más que la simple instrucción, se requiere toda una pedagogía que eduque a amar con amor de caridad"[265].

Y para esto "es necesario que el educador sea consciente de toda la complejidad fisiológica, psicológica, pedagógica, moral y ascética del problema. El ideal del celibato sacerdotal

---

[265] Congregación para la Educación Católica, *Orientaciones...*, n. 47.

es el de una castidad estimada, amada, guardada, sólidamente poseída y largamente observada; una castidad que no solo resiste al choque de peligros siempre en aumento, sino que es llama de consagración y de apostolado"[266].

Cinco características se dan de esta formación: sincera, positiva, completa, orgánica y personalizada: "Por esto la educación a la castidad ha de ser *sincera*, es decir, fundada en la claridad y no en reticencias o insinceridades; *positiva*, es decir, orientada sobre todo a hacer madurar la sexualidad como un modo recto y gozoso de amar y no solo a evitar las transgresiones. Ha de ser al mismo tiempo *completa, orgánica y personalizada*, es decir, adaptada a cada individuo en su concreto y diferenciado desarrollo personal"[267].

El celibato, por tanto, debe ser formado y forjado. Siendo una dimensión tan importante y delicada, no puede ser dejada al azar. Lamentablemente esto no siempre es bien comprendido y dicha dimensión de la persona, en muchos casos, queda librada a la iniciativa y responsabilidad individual de cada uno. En 1991, la Congregación para la Educación Católica constataba: "Una particular carencia formativa resulta ser la del celibato. Es un punto doloroso en la selección definitiva de los candidatos. Todavía hoy hay que lamentar que en el período del seminario un punto tan importante no se haya tratado con la debida seriedad, no solo respecto a sujetos portadores de patologías especiales, sino tampoco en casos normales"[268].

En muchos casos la formación existe pero es parcial o no es explícita. Por lo general se reduce a presentaciones generales del ideal de la castidad en conferencias sobre el tema

---

[266] Congregación para la Educación Católica, *Orientaciones*..., n. 35.
[267] Congregación para la Educación Católica, *Orientaciones*..., n. 35.
[268] Congregación para la Educación Católica, *Annotazioni, rilievi, rimedi da cause per diduzione a stato laicale con dispensa da obblighi per sacerdoti e diaconi*, 18 de mayo 1991, 4; citado por Cencini, *Por amor, con amor, en el amor*, 106.

del celibato y la afectividad, confiando que una simple instrucción produzca la maduración personal en este campo. Pero no es así; la formación debe ser personal y llevada a cabo con mucha delicadeza.

La educación en el celibato consagrado debe ser parte de un trabajo formativo en tres líneas paralelas e indisolubles: la de la madurez humana, la madurez cristiana y la madurez sacerdotal o consagrada: "Las metas educativas programáticas de los candidatos al sacerdocio son tres y corresponden a la urgencia de preparar personalidades íntegramente humanas, cristianas y sacerdotales. Las tareas educativas deben por lo tanto respetar siempre, plena y equilibradamente, las relaciones entre estos tres niveles de la formación, sin hacer hincapié en uno de ellos con detrimento de los otros dos, y sin separar el nivel cristiano del humano, ni el sacerdotal del cristiano"[269].

La persona no puede llegar a ser un sacerdote maduro sin madurar como ser humano y como cristiano: "La historia de los sacerdotes frustrados es con frecuencia la historia de hombres frustrados: historia de personalidades no unificadas, no integradas, en las que se busca en vano al hombre maduro y equilibrado"[270]. Sin equilibrio en el plano afectivo, intelectivo o volitivo, no puede haber un cristiano maduro ni un sacerdote maduro. Y tampoco se puede ser maduro sacerdotalmente si no se viven dimensiones básicas de la madurez cristiana como, por ejemplo, el comprender el sentido de la filiación divina, la vida de la fe, la responsabilidad hacia la Iglesia, el sentido de los principios evangélicos y la imitación de Cristo[271]. No se puede edificar una vocación sacerdotal (o consagrada) sobre un terreno sin cimientos sólidos.

---

[269] Congregación para la Educación Católica, *Orientaciones*..., n. 17.
[270] Congregación para la Educación Católica, *Orientaciones*..., n. 25.
[271] Cf. Congregación para la Educación Católica, *Orientaciones*..., n. 24.

Respecto de la formación afectiva, hay que decir que "no es solo una formación intelectual, como conocer la doctrina de la Iglesia sobre la naturaleza del celibato, o voluntarista, educando la conducta o la emotividad. Educando y educador han de conocer la propia personalidad del candidato, su psicología y tendencias, para asumirlas y encauzarlas: aceptación de sí mismo y de los demás como son, capacidad de amistad, de querer y sentirse querido, de valorar y sentirse valorado, de dar y recibir. El proceso formativo debe llevarse a cabo con gran delicadeza, pero al mismo tiempo, en términos exactos y sin expresiones ambiguas. En un ambiente de confianza, se colmarán las lagunas, se formará la conciencia y se corregirán los malos hábitos. Se orientará, sobre todo, a interiorizar el valor del celibato educando el corazón del candidato para descubrir el ejemplo de Cristo célibe, para su total entrega a Dios y a los hombres, a cuyo modelo me adhiero, con el que identifico mis sentimientos, e imito su estilo de vida. De esta manera es capaz de integrar uno de los aspectos fundamentales de la persona, su sexualidad con sus implicaciones psicológicas, en su disposición a orientarse hacia Dios"[272].

Más adelante, sigue el mismo autor: "Esta formación requiere siempre la apertura de la intimidad, en particular de la inmadurez afectiva, superando el lógico pudor en darla a conocer. En consecuencia, no bastan solo explicaciones generales en grupo, sino que debe transmitirse especialmente en forma individualizada, «a medida de cada personalidad» sin sobreentender que por ser candidato al presbiterado ya se conoce o se ha examinado suficientemente. Por medio de conversaciones y preguntas certeras conviene llevar al candidato a enfrentarse consigo mismo, descubriendo, en el examen de sus experiencias más personales, sus posibles dificultades

---

[272] Monge, Miguel, *La formación de las vocaciones al celibato*, 46.

afectivas, a veces complejas, conocerse, darse a conocer y dominar de modo inteligente y coherente la energía y las facultades de la persona"[273].

Hay que animar a los que se están formando en la castidad, a que hablen con claridad de sus luchas personales para poder llevar adelante un trabajo serio en este campo. Pero todo esto con la mayor delicadeza y prudencia, tanto humana como sobrenatural, pues se camina aquí sobre un terreno muy sensible, en el que se puede inducir, sin pretenderlo, reacciones contrarias a las esperadas; "así, por ejemplo, tratar de prevenir una anomalía, cuando todavía no existe, podría inducir a provocarla; o exagerar la importancia de leves anomalías evolutivas, podría traer la consecuencia de comprometer su desaparición y favorecer complicaciones de tipo obsesivo"[274].

En este sentido el formador del celibato más indicado es el *director espiritual*; más que el *superior jerárquico*, que no siempre entra en lo más profundo de la conciencia, y más que el *confesor* que solo tiene una injerencia esporádica.

Para lograr este trabajo, es fundamental que el formador conozca lo mejor posible al educando: su historia personal (en los rasgos generales), la conformación de su familia y su relación con ella, sus dificultades pasadas y presentes. Con la mayor delicadeza y pudor, pero sin ambigüedades. Un número notable de jóvenes con vocación a la vida religiosa —varones y mujeres— vive su sexualidad de modo sereno, normal e incluso virtuoso. Con ellos el trabajo consistirá en acompañar el normal desarrollo de sus virtudes. Pero otros llegan a los seminarios y noviciados con algunas dificultades no superadas. Muchas de estas provienen de lagunas afectivas o verdaderos dramas que han tenido lugar en la infancia o ado-

---

[273] *Ibídem*, 46-47.
[274] Congregación para la Educación Católica, *Orientaciones...*, n. 34.

lescencia, como el abandono paterno, el divorcio de los padres, abusos físicos o incluso sexuales, iniciación temprana en una sexualidad desordenada, contactos afectivos (o sexuales) con personas del propio sexo, vida promiscua, experiencias con drogas, etc. Algunos de estos puntos pueden estar totalmente superados y solucionados; pero otros no. Y muchos de ellos inciden en dificultades de orden espiritual; por ejemplo, en la concepción que se forjan de la Paternidad divina, en el sentido del bien y del mal, en la conciencia escrupulosa o laxa, en la falta de confianza con los superiores, etc.

El formador debe tener bien claro los parámetros de la idoneidad para poder abrazar el celibato consagrado, y los obstáculos absolutos y relativos.

También debe estar bien preparado para ayudar a combatir hábitos defectuosos en el terreno de la afectividad (temores, violencia, orgullo, sensibilidad excesiva, superficialidad, curiosidad, inclinaciones desordenadas en el plano sexual, etc.), así como cultivar las virtudes correspondientes y saber iluminar las conciencias tanto con lecturas seguras como con consejos adecuados.

Es fundamental saber ayudar al formando a conocer sus propios defectos, y de modo especial el *defecto dominante*, del cual ni siquiera se hace mención en muchos centros formativos[275].

---

[275] Cencini (en *Por amor, con amor, en el amor*, 111) hace referencia a los datos de una investigación de Rulla, según la cual al ingreso en la teología o en el noviciado, más de un 86% ignoraba su defecto dominante; y después de cuatro años de formación, lo seguía ignorando el 83% (cf. L.M. Rulla-F. Imola- J. Ridick, *Antropología de la vocación cristiana II. Confirmaciones existenciales*, Madrid 1994, 182ss.). Es evidente que la formación progresista, que ha tirado por la borda muchas enseñanzas espirituales tradicionales es la principal responsable de estos descalabros. Pero hay que reconocer que incluso en lugares de formación aparentemente buenos, se encuentran problemas de este tipo, más bien porque los superiores se confían en que los candidatos al celibato ya conocen estos temas, cuando esto está muy lejos de la realidad. Sobre este tema: Miguel Fuentes, *El examen particular de conciencia y el defecto dominante*, Virtus 1, Edive, San Rafael (2011).

Como nadie puede dar lo que no tiene, es claro que quien debe encargarse de la maduración de otros, debe ser, él mismo, una persona afectivamente madura. El formador debe vivir con la persona que forma, para poder conocerla no solo bajo ciertos aspectos, sino después de atenta observación, en sus reacciones, en su trato cotidiano, en su modo de relacionarse con los demás. No siempre los directores espirituales de los formandos viven con ellos, pero esto sería lo más conveniente, en la medida que las posibilidades lo permitan.

Un buen formador en el plano de la afectividad debe reunir una serie de condiciones:

Ante todo, debe ser, él mismo una *persona madura*: "Es preciso, sobre todo, que los que se ocupan de la educación sexual de los jóvenes sean personas sexualmente maduras, dotadas de un auténtico equilibrio sexual. Más que el conocimiento del método y del contenido vale el tipo de personalidad que representa el educador; la perspectiva según la cual se vive, antes de que se enseñe, la educación sexual, y el tipo de vida que encarna el educador. Los conocimientos, los consejos, y los esmerados cuidados del educador son importantes, pero cuenta mucho más su comportamiento"[276].

Debe ser *capaz de reconocer sus propios defectos* y debilidades, de modo tal de evitar que estos se proyecten en quien él dirige.

Debe ser capaz de *discernir* la presencia de conflictos y la inmadurez de quienes tiene que ayudar; incluso aquellos que la persona ayudada no es capaz de advertir con claridad. No siempre se puede esperar que el otro revele su problema, pues algunos son incapaces de juzgarse adecuadamente. En este punto hay que recordar que "conflictos originalmente sexuales pueden manifestarse en comportamientos no sexuales (por ejemplo, en actitudes narcisistas, de manipulaciones, de

---

[276] Congregación para la Educación Católica, *Orientaciones...*, n. 39.

dominio, etc.), mientras que comportamientos sexuales pueden tener raíces no sexuales (por ejemplo, la masturbación cuando va ligada a problemas de estima de sí, la homosexualidad a dudas de identidad, etc.). Es indispensable que el formador sepa llegar a la verdadera causa para intervenir desde ella, para no perder tiempo y energías preciosas e impedir que el problema se convierta en crónico e insoluble"[277].

Debe estar en condiciones de ayudar a su dirigido a que descubra su inmadurez afectiva, sus raíces y consecuencias. Para esto cuenta —si sabe enseñarlo bien— con el instrumento del examen de conciencia diario, de valor inestimable si está bien hecho, especialmente como lo propone san Ignacio de Loyola.

También debe ayudar a resolver las dificultades afectivas, haciendo que su formando asuma un comportamiento más responsable y adulto frente a sus propios problemas.

Debe ser *buen pedagogo*, capaz de guiar en el trabajo de la adquisición de virtudes, sobre todo en el punto central, que es ayudar a enamorarse del bien representado por la virtud.

El formador, además, debe estar en condiciones de guiar por el camino de las *purificaciones activas y pasivas del sentido y del espíritu*, pues la maduración de toda persona llamada a la santidad pasa por este camino, como señala toda la tradición espiritual de la Iglesia (en particular san Juan de la Cruz). En las primeras (activas) deberá enseñar a trabajar, en las segundas (pasivas) a ser dócil a la acción de Dios.

Debe tener un buen *conocimiento de la doctrina espiritual y mística*, porque no puede ayudar a crecer en la madurez si no es consciente de que la madurez plena se alcanza en la unión perfecta con Dios. Muchas personas no llegan a grados de unión con Dios por no encontrar directores capaces de guiarlos por estos senderos: "Muy pocos logran pasar de los primeros comienzos [de la vida espiritual], dice santa Edith

---

[277] Cencini, *Por amor, con amor, en el amor*, 117.

Stein, siendo un pequeño número el que llega hasta la meta [la unión con Dios]. De ello son culpables los peligros del camino —peligros por parte del mundo, del enemigo malo y de la propia naturaleza, pero *también la ignorancia y la falta de una guía apropiada—. Las almas no comprenden lo que les sucede, y muy pocas encuentran a alguien que pueda abrirles los ojos*"[278].

En síntesis, el formador debe ser una persona capaz de guiar a una persona en su trabajo personal de hacerse capaz de entregarse libremente y por completo a Dios.

---

[278] Edith Stein, *Ciencia de la cruz*, Burgos (2006), 81.

II

Necesidad de tener como modelo de celibato la vida afectiva de Jesucristo

> *Para la exigencia del celibato, la Iglesia tiene motivaciones profundas, que se fundan en la imitación de Cristo (...) El celibato sacerdotal es una comunión con el celibato de Cristo (*Congregación para la Educación Católica, Orientaciones..., nn. 13-14*).*

> *"(El Verbo divino) amó tanto a esta virtud, que no quiso venir al mundo sino acompañado de ella, naciendo de Madre virgen"* (San Ambrosio, Tratado sobre las vírgenes, 1).

Termino con algo fundamental: educar en el celibato es mirar a Cristo virgen y tender a vivir según su corazón.

Jesucristo fue virgen. El silencio de los Evangelios sobre un presunto estado matrimonial de Jesús no puede tomarse como una omisión sino de modo positivo; de lo contrario, su enérgica invitación a dejarlo todo, incluso los lazos de sangre, y abrazar la virginidad por el Reino de los Cielos (cf. Mt 19,10-12) carecería de toda seriedad y muy pocos lo habrían tenido en cuenta. Lo declara expresamente el Apocalipsis (14,4) cuando dice que los que "siguen al Cordero (Cristo) dondequiera que va son los que no se mancharon con mujeres, porque son vírgenes". Los que son vírgenes tienen especial mérito y pueden seguir al Cordero Virgen.

Es también enseñanza del Magisterio, no puesta en duda en ningún momento de la historia de la Iglesia. Curiosamente hasta pocas décadas atrás ninguna herejía afirmó que Jesucristo fuera casado (en los últimos tiempos, en cambio, se divulgaron fantasías neo-gnósticas y feministas radicales inventando el *mito de la Magdalena* desposada con Jesús). Algunos negaron que fuera Dios (arrianos), otros su naturaleza humana (monofisitas), o que haya fundado la Iglesia Católica (reformadores), etc., pero ninguno negó su virginidad. ¡Tan evidente parece!

Por eso Juan Pablo II dijo: "Cristo, aun aprobando y defendiendo la dignidad y la santidad de la vida matrimonial, asume la forma de vida virginal y revela así el valor sublime y la misteriosa fecundidad espiritual de la virginidad"[279].

Pío XII escribía en la Encíclica *Sacra virginitas*: "De aquellos hombres «que no se mancillaron con mujeres, porque son vírgenes» (Ap 14,4), afirma el apóstol San Juan: «estos siguen al Cordero dondequiera que va» (Ap 14,4) (...) Realmente todos estos discípulos y esposas de Cristo se han abrazado con la virginidad, según san Buenaventura, «para identificarse con su Esposo Jesucristo, al cual hace asemejarse la virginidad» (...) Si, pues, los sacerdotes, los religiosos, si, en una palabra, todos los que de alguna manera se han consagrado al servicio divino, guardan castidad perfecta, es en definitiva porque su Divino Maestro fue virgen hasta el fin de su vida. Por eso exclama san Fulgencio: «Este es el Unigénito Hijo de Dios, hijo unigénito también de la Virgen, único Esposo de todas las vírgenes consagradas, fruto, gloria y premio de la santa virginidad, a quien la santa virginidad dio un cuerpo, con quien espiritualmente se une en desposorio la santa virginidad, de quien la santa virginidad recibe su fecundidad permaneciendo intacta, quien la adorna para que sea siempre hermosa, quien la corona para que reine en la gloria eternamente»"[280].

---

[279] Juan Pablo II, Exh. *Vita consecrata*, n. 22.
[280] Pío XII, Enc. *Sacra virginitas*, 12.

Y Pablo VI: "Cristo durante toda su vida permaneció en estado de virginidad; con lo cual se da a entender que él se consagró por entero al servicio de Dios y de los hombres... Prometió riquísimos premios a todos aquellos que por el reino de Dios dejasen casa, familia, mujer, hijos (cf. Lc 18,29-30). Más aun: sirviéndose de palabras misteriosas y que despiertan expectación, aconsejó un ideal mejor consistente en que alguien, movido por una gracia especial (cf. Mt 19,11), se consagre en virginidad al reino de los cielos. La causa de que alguien apetezca este don es el reino de los cielos (cf. Mt 19,12); igualmente este mismo reino, evangelio y nombre de Cristo (cf. Lc 19,29-30; Mc 10,29-30; Mt 19,29) hacen que Jesús invite al compromiso en los arduos trabajos apostólicos, unidos con tantas molestias, que han de ser soportadas de buena gana para participar más íntimamente en la suerte de él mismo. Así, pues, quienes han sido llamados de este modo por Jesús, se sienten impulsados a elegir la virginidad como cosa deseable y digna de ser escogida bien por el misterio de la novedad de Cristo o por el de todas aquellas cosas que manifiestan quién es él y cuál su inconmensurable valor... Y ellos hacen esto... para asumir el mismo género de vida de Jesús"[281].

La virginidad de Jesucristo es modelo de todos los célibes. No nos debe engañar el hecho de que Él sea Dios, pues también es verdadero y perfecto hombre y modelo para todo hombre y mujer. Decía el célebre neurofisiólogo, especialista en sexualidad, Paul Chauchard: "El ejemplo de un celibato equilibrado (...) no es otra cosa que la imitación del célibe modelo plenamente viril, Nuestro Señor Jesucristo. ¿No deben los consagrados imitarle en esto? Se olvida demasiado que Cristo, plenamente hombre, es un modelo de humanidad, un

---

[281] Pablo VI, *Sacerdotalis coelibatus*, 20.23.

modelo de utilización de la carne en el dominio de sí mismo"[282].

Tomar a Jesucristo como modelo del celibato, entraña imitarlo en todo el espectro de su afectividad. De ahí que se plantee esta perspectiva como uno de los imperativos y urgencias desde el punto de vista formativo: "El joven tiene que tener esto muy claro, sin lugar a equívocos, y ha de prepararse para vivir esta vocación con todo el idealismo y con todo el realismo que comporta amar a alguien. Por consiguiente hay que proponer desde el principio la fascinación por Jesucristo como punto de referencia, como objetivo y como método de formación para una vida célibe"[283].

Lograrlo implica una meditación constante de la vida de Cristo y una singular compenetración con su doctrina y con su personal experiencia de la afectividad. Supone un conocimiento pormenorizado: (a) de su virilidad, es decir de la conciencia y aceptación que tuvo de su propia masculinidad, de su modo varonil de vivir y de su espiritualidad viril; (b) de su visión y trato delicadísimo hacia la mujer; (c) del conocimiento y compenetración del plan divino sobre la sexualidad expresado por Él mismo en los Evangelios; (d) del virtuoso equilibrio de toda su afectividad general; y (e) del modo oblativo de su amor y de su amistad. Todo esto excede el objetivo práctico de estas páginas y nos hemos ya ocupado del tema en otro breve opúsculo al que remitimos[284].

---

[282] Chauchard, Paul, *Celibato y equilibrio psicológico*, en: Coppens (director) *Sacerdocio y celibato*, Madrid (1972), 517.

[283] Cencini, *Por amor, con amor, en el amor*, 890.

[284] Cf. Fuentes, M., *La madurez afectiva y sexual de Jesús de Nazaret*, Virtus 6 (edición corregida), San Rafael (2010).

Bibliografía citada con mayor frecuencia

Obras varias:

Castellani, Leonardo, *Psicología humana*, Mendoza (s/f).
Cencini, Amedeo, *Por amor, con amor, en el amor*, Salamanca (2007). Si bien cito frecuentemente este libro, muy completo en cierto sentido, discrepo con el Autor en varios puntos, especialmente en la perspectiva, según mi parecer, excesiva e innecesariamente psicologista que imprime al tema y en la exagerada cabida que da a teorías neopsicoanalistas.
Cencini, Amedeo, *Virginidad y celibato hoy. Por una sexualidad pascual*, Santander (2006).
Coppens (director) *Sacerdocio y celibato*, Madrid (1972).
Cochini, C., *Il sacerdozio e il celibato nei padri e nella Tradizione della Chiesa*, L'Osservatore Romano, 28 de junio de 1993, 4.
Cochini, C., *Origines apostoliques du célibat sacerdotal*, Paris (1981).
Chauchard, Paul, *Celibato y equilibrio psicológico*, en: Coppens (director) *Sacerdocio y celibato*, 499-518.
Fabro, Cornelio, *La aventura de la teología progresista*, Pamplona (1976).
Fuentes, Miguel, *La trampa rota*, San Rafael (2008).
Fuentes, Miguel, *Educar los afectos*, San Rafael (2007).
Fuentes, Miguel, *La castidad ¿posible?*, San Rafael (2006).
Groeschel, Benedict, *The Courage to be Chaste*, New York (1985).
Harvey, John, OSFS, *The Pastoral Problem of Masturbation*, Linacre Quarterly, May 1993, 25-49.
Irala, Narciso, Control cerebral y emocional, Buenos Aires (1994), 112ª ed.
Irala, Narciso, Eficiencia sin fatiga, Buenos Aires (1994), 10ª ed.
Lorda, J.L. (editor), *El celibato sacerdotal. Espiritualidad, disciplina y formación de las vocaciones al sacerdocio*, Pamplona (2006).
McGovern, *La teología del celibato*, en: Lorda, *El celibato sacerdotal*, 21-22.

Möhler, Johann Adam, *El celibato sacerdotal*, Encuentro, Madrid (2012). Es la primera versión en español del célebre estudio que el autor escribió en 1828.

Monge, M.A., *La formación de las vocaciones al celibato*, en: Lorda, J.L. *El celibato sacerdotal*, 41-58.

Pithod, A., *Breviario de psicología*, Mendoza (2010).

Stickler, A., *Il celibato eclesiastico nel Codex Iuris Canonici rinnovato*, Città del Vaticano (1984).

Sitckler, A., *Il celibato ecclesiastico. La sua storia e i suoi fondamenti teologici*, Napoli (2010). Hay versión en español: Stickler, A., *El celibato eclesiásico: su historia y sus fundamentos teológicos*, en: Lorda, *El celibato sacerdotal*, 129-189.

Stickler, A., *La evolución de la disciplina del celibato en la Iglesia de Occidente desde el final de la edad patrística al concilio de Trento*, en: Coppens, *Sacerdocio y celibato*, 301-358.

Tomás de Aquino, *De perfectione vitae spiritualis*.

Magisterio:

Congregación para el Clero, *Directorio para el ministerio y la vida de los presbíteros*, Roma (1994).

Congregación para la Educación Católica, *Orientaciones para la educación en el celibato sacerdotal*, Roma (1974); (abreviado: *Orientaciones...*).

Congregación para la Educación Católica, *A memorandum to Bishops seeking advice on matters concerning homosexuality and candidates for admission to Seminary*, Roma (1985).

Congregación para la Educación Católica, *Instrucción sobre los criterios de discernimiento vocacional en relación con las personas de tendencias homosexuales antes de su admisión al Seminario y a las Órdenes sagradas*, Roma (2005).

Congregación para la Educación Católica, *Annotazioni, rilievi, rimedi da cause per diduzione a stato laicale con dispensa da obblighi per sacerdoti e diaconi*, Roma (1991).

Congregación para la Educación Católica, *Orientaciones para el uso de las competencias de la psicología en la admisión y en la formación de los candidatos al sacerdocio*, Roma (2008).

Consejo Pontificio para la Familia, *Sexualidad humana: verdad y significado*, Roma (1995).

Episcopado francés, *Dossier sobre el celibato sacerdotal*, L'Osservatore Romano, 26 de junio de 1979.

DS: *Denzinger-Schönmetzer.*

Pablo VI, *Sacerdotalis coelibatus*, Roma (1967).

Ediciones del Verbo Encarnado

www.ingramcontent.com/pod-product-compliance
Lightning Source LLC
Chambersburg PA
CBHW020839160426
43192CB00007B/713